COMPRENDRE LA MER EN 35 EXPÉRIENCES ET JEUX

TEXTES : CLAIRE DE NOMAZY

ILLUSTRATIONS : CLÉMENCE & CÉCILE GOUY

VAGNON Jeunesse

SOMMAIRE

LA MER ET LES OCÉANS

POURQUOI APPELLE-T-ON LA TERRE LA PLANÈTE BLEUE ?

Parce que 70 % de la surface terrestre est recouverte d'eau.
Les océans sont les plus grands et les plus profonds. Ils recouvrent la plus grande partie de la Terre : l'Atlantique, le Pacifique, l'Indien et l'Arctique.
Les mers sont plus petites : la Méditerranée, la mer du Nord, la mer Rouge…

D'OÙ VIENT TOUTE CETTE EAU ?

Notre planète est née il y a 4,6 milliards d'années. Mais les chercheurs ne sont pas d'accord sur l'origine de l'eau. Certains pensent que notre eau a été apportée par des pluies de comètes (petits corps dans l'espace constitués de glaces et de poussières). D'autres pensent que l'eau est apparue en même temps que la Terre s'est formée. Aujourd'hui le mystère de l'origine de l'eau sur la Terre reste entier…

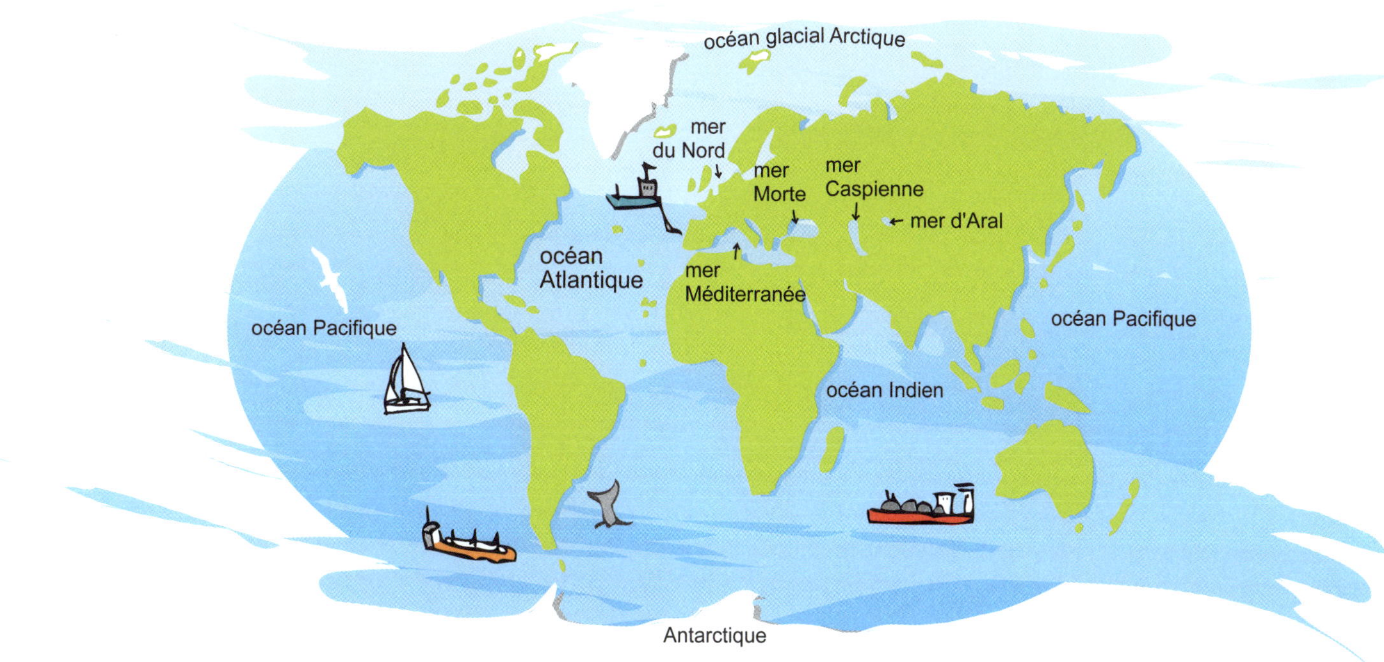

RIEN NE SE PERD, RIEN NE SE CRÉE, TOUT SE TRANSFORME

Depuis son apparition sur la Terre, la quantité d'eau n'a pas changé. Mais l'eau voyage…
Chauffée par le soleil, l'eau des mers et des océans s'évapore : elle se transforme en vapeur d'eau. L'évaporation se fait aussi sur la terre : l'eau des lacs, du sol, des animaux et des végétaux s'évapore.
Cette vapeur d'eau monte dans l'atmosphère (l'air qui entoure la Terre) et forme les nuages. (Vois le chapitre sur les nuages et ses expériences).
La pluie des nuages alimente ensuite les fleuves et les rivières, qui viennent à leur tour se jeter dans la mer.
Ainsi se perpétue le cycle de l'eau depuis 4 milliards d'années.

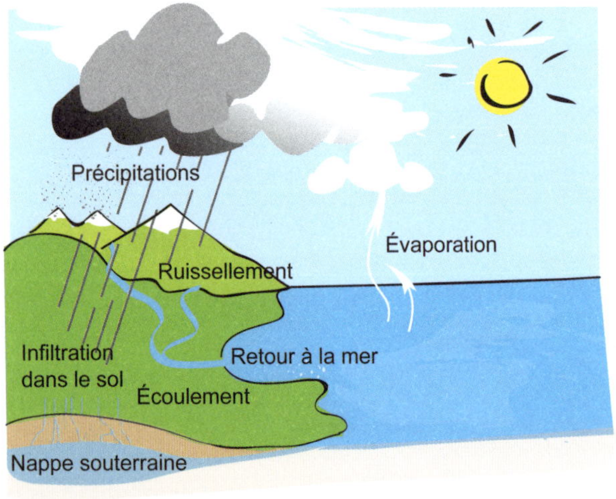

À SAVOIR

POURQUOI LA MER EST-ELLE BLEUE ?

L'eau est transparente mais elle peut prendre différents reflets.
L'eau de la mer reflète principalement le bleu du ciel. Suivant la couleur du ciel et la couleur des fonds sous-marins, elle peut aussi donner des reflets verts, bruns...

POURQUOI LA MER EST-ELLE SALÉE ET PAS L'EAU DE PLUIE ?

Elle s'est progressivement salée au contact des roches au fond de l'océan.
Mais quand elle s'évapore, le sel ne monte pas. Tu feras l'expérience au chapitre sur les nuages.
C'est pourquoi l'eau des nuages et par conséquent l'eau de pluie et l'eau des rivières ne sont pas salées.
Sur la Terre, 97 % de l'eau est salée et seulement 3 % de l'eau est douce.

POURQUOI LA MER MONTE ET DESCEND ? OÙ VA LA MER À MARÉE BASSE ?

La **marée** est le processus de variation de la hauteur de l'eau des mers et des océans. Quand la mer monte, on parle du **flot**. Quand la mer descend, on parle du **jusant**.

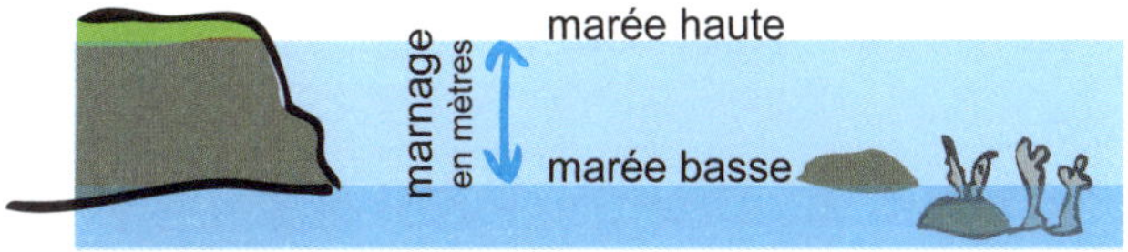

La différence de hauteur d'eau entre la marée basse et la marée haute s'appelle **le marnage**. Il diffère selon les jours et les lieux. Par exemple à Brest, le marnage est en moyenne de 5 mètres, à Saint-Malo de 9 mètres et en mer Méditerranée de seulement 40 centimètres.

LES MARÉES SONT DUES À L'ATTRACTION DE LA LUNE ET DANS UNE MOINDRE MESURE À CELLE DU SOLEIL

Dans l'univers, la loi de l'attraction universelle révèle que tous les astres (le Soleil, les planètes, les étoiles) s'attirent entre eux. La Terre attire la Lune et inversement. Comme la Terre est 80 fois plus lourde que la Lune, c'est la Lune qui tourne autour de la Terre. Mais la Lune a aussi un pouvoir d'attraction sur la Terre même s'il est infime. À la dimension des océans, cela crée

À SAVOIR

SOLEIL-TERRE-LUNE : QUI TOURNE AUTOUR DE QUI ?

La Terre tourne autour du Soleil en 365 jours, ce qui induit des saisons différentes.

La Terre tourne en même temps sur elle-même en 24 heures, ce qui induit le jour et la nuit.

La Lune tourne autour de la Terre en 28 jours, ce qui induit des marées différentes.

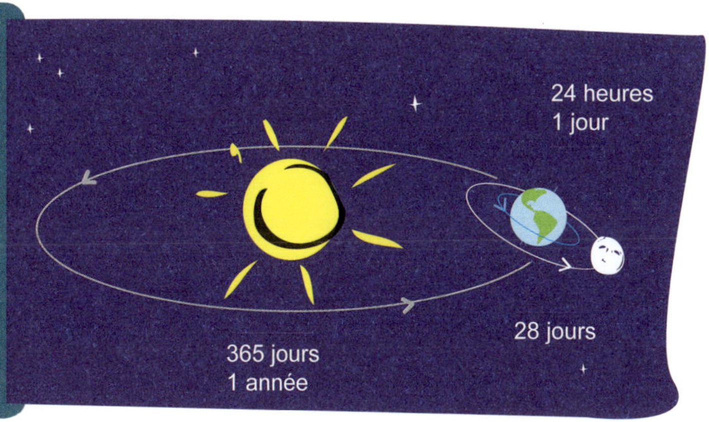

les marées. Quand la Lune se trouve à la verticale d'un océan, elle attire l'eau de cet océan qui se déforme. Là où l'eau est attirée par la Lune, la marée monte. Aux autres endroits, la marée descend.

Le Soleil, plus éloigné de la Terre que la Lune, a une influence moindre. Mais comme il a une masse importante, son attraction se fait tout de même sentir.

Voyons comment l'attraction du Soleil se combine avec celle de la Lune.
Quand elles s'ajoutent, la marée est forte. On parle de **marée de vives-eaux**. Le marnage est important. L'eau monte plus haut à marée haute et descend plus bas à marée basse.
Quand elles se contrarient, la marée est faible. On parle de **marée de mortes-eaux**. Le marnage est moins important. L'amplitude entre la marée haute et la marée basse est faible.

La Lune tourne autour de la Terre en 28 jours environ, ce qui offre quatre grandes combinaisons avec le Soleil.

La nuit, si un observateur se situe sur le côté de la Terre opposé au Soleil, il ne voit pas la Lune.

L'attraction de la Lune et celle du Soleil s'additionnent.

La nuit, un observateur sur la Terre voit une demi-lune (côté droit).

L'attraction de la Lune et celle du Soleil se contrarient.

La nuit, un observateur sur la Terre voit la Lune entière.

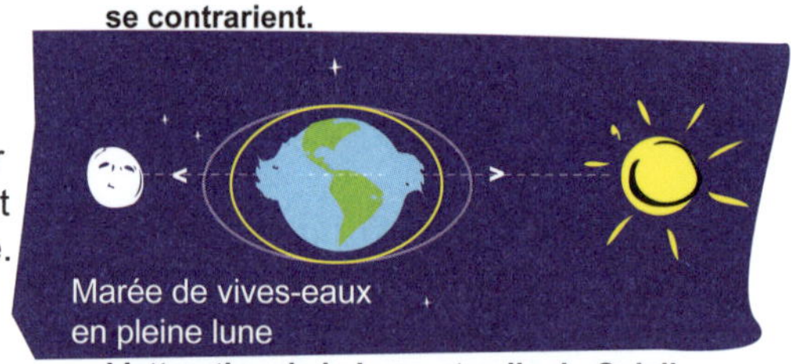

L'attraction de la Lune et celle du Soleil s'aditionnent.

La nuit, un observateur sur la Terre voit une demi-lune (côté gauche).

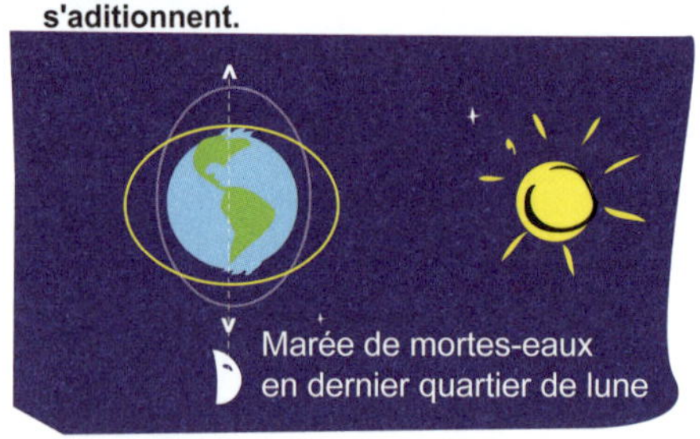

L'attraction de la Lune et celle du Soleil se contrarient.

EXPÉRIENCE

Observe les marées les jours de pleine lune et les jours de nouvelle lune. Sont-elles importantes ?

Explications

La nuit, nous nous situons sur le côté de la Terre opposé au Soleil. Alors si nous ne voyons pas la Lune, c'est qu'elle se trouve de l'autre côté de la Terre, entre la Terre et le Soleil. On parle de « nouvelle lune ».
Si nous voyons la Lune toute entière, c'est qu'elle se trouve de notre côté et qu'elle est bien éclairée par le Soleil. On parle de « pleine lune ».
Dans les deux cas, les trois astres (Terre, Lune, Soleil) sont alignés. L'attraction de la Lune et du soleil s'additionnent. Les marées sont importantes.

QUE SE PASSE-T-IL À L'OPPOSÉ DU GLOBE ?

Tu as déjà vu comme les voitures de course penchent dans les virages ? C'est à cause d'une force, la force centrifuge, qui les éjecte hors de la route ! La Terre, en tournant, crée aussi une force centrifuge, qui a tendance à éjecter l'eau des océans du côté opposé. C'est pourquoi les océans sont déformés à la fois du côté des astres qui l'attirent et à la fois du côté opposé.

À SAVOIR

POURQUOI LA MARÉE EST MOINS IMPORTANTE EN MER MÉDITERRANÉE ?

Car cette mer n'est pas assez étendue pour que l'attraction des astres soit sensible. C'est aussi une mer quasi fermée. Le détroit de Gibraltar est trop étroit pour permettre à la mer Méditerranée de se remplir et de se vider.

QU'INDIQUENT LES COEFFICIENTS DE MARÉE ?

Ils indiquent l'amplitude des marées. Ils varient de 20 à 120. Plus le coefficient de marée est important, plus le marnage est important. 70 est un coefficient de marée moyen.

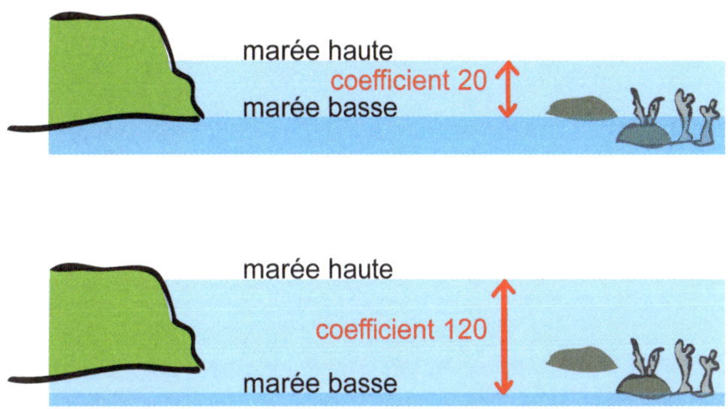

COMBIEN Y A-T-IL DE MARÉES PAR JOUR ?

Tu sais que la Terre tourne sur elle-même en 24 heures. Un point sur la Terre va donc passer une fois par jour devant la Lune et il va subir une première attraction. Comme la déformation des océans s'effectue à la fois du côté des astres qui l'attirent et à la fois du côté opposé, ce même point va subir une deuxième attraction lorsqu'il sera de l'autre côté de la **Lune**.
C'est pourquoi il y a **deux marées par jour** : deux marées hautes et deux marées basses.
La mer met globalement 6 heures pour monter et 6 heures pour descendre, soit environ 12 heures pour une marée.

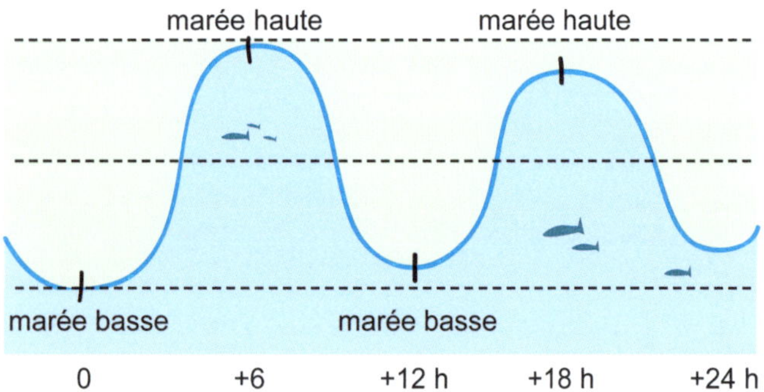

POURQUOI LA MARÉE SE DÉCALE-T-ELLE DE 50 MINUTES TOUS LES JOURS ?

Pendant que la Terre tourne sur elle-même chaque jour, la Lune tourne légèrement autour de la Terre dans le même sens. (Tu te souviens qu'il faut 28 jours à la Lune pour faire le tour de la Terre). C'est pourquoi un point sur la Terre se retrouve au même endroit par rapport à la Lune au bout de 24 h plus 50 mn (qui correspondent à la rotation journalière de la lune). Le cycle des marées se décale donc de 50 mn chaque jour.

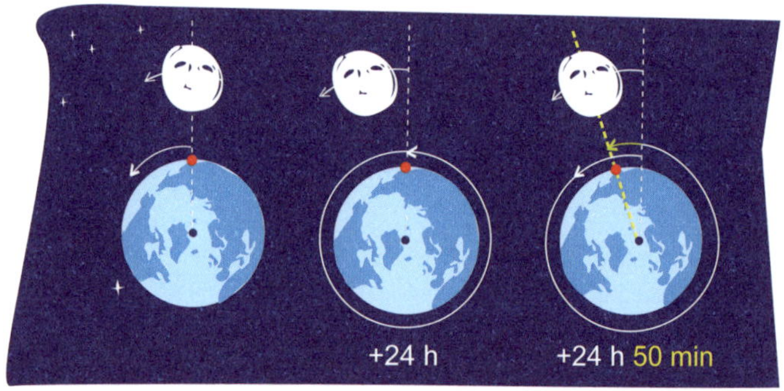

La Terre tourne sur elle-même autour d'un axe nord-sud. Sur ce schéma, le point de rotation est le pôle Nord.

Cette information est importante car elle te permet d'anticiper l'horaire des prochaines marées. Si la mer est haute aujourd'hui à 8 h, tu sais que demain elle sera haute vers 8 h 50.

COMMENT S'INFORMER DES MARÉES ET DES HAUTEURS D'EAU ?

CE QUE LE SABLE ET LE RIVAGE T'APPRENNENT

Si le sable est humide, c'est probablement que la mer descend.
Par ailleurs, la mer en montant apporte souvent des algues sur la plage qu'elle laisse en descendant. Alors si la bande d'algues est loin de l'eau, c'est probablement que la mer est basse.

Marée montante

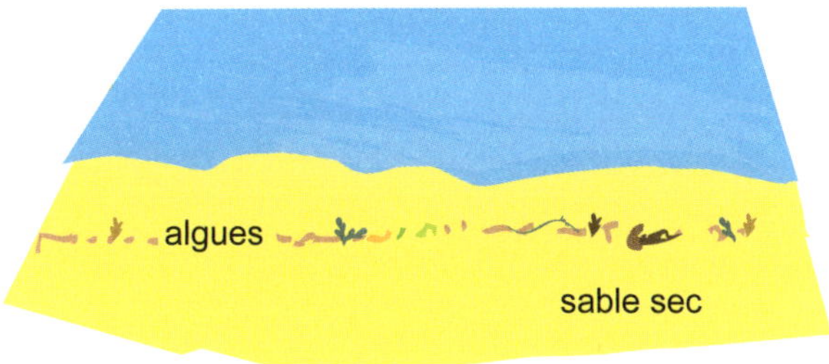

Marée descendante

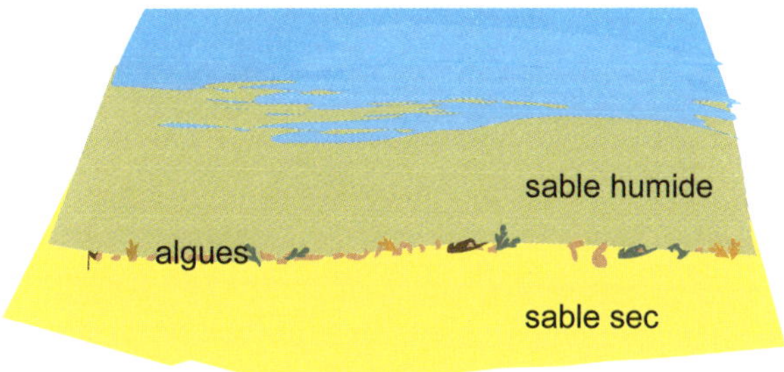

L'ANNUAIRE DES MARÉES

L'**annuaire des marées** indique chaque jour pour un port donné les heures des hautes mers et des basses mers, les hauteurs d'eau et le coefficient.
Attention les heures de marées sont parfois indiquées en Temps Universel (TU). C'est l'heure du méridien de référence sur la Terre (vois le chapitre sur la navigation). L'heure locale de chaque pays a un certain décalage par rapport à cette référence. En France, l'heure locale est égale à TU +1 heure en hiver et à TU + 2 heures en été. Par exemple, si l'annuaire indique en été « BM à 10 h TU», cela signifie que la mer sera basse à 12 h.

01 **3.2. PRÉDICTIONS**

07 Heures UT +1h — Heures et hauteurs des pleines et basses mers - CALAIS — Lat. 50° 58′ N, Long. 001° 52′ E

Janvier 2017					
	Heures h min	Haut. m		Heures h min	Haut. m
1	1 49	7,10	16	2 46	7,30
	9 07	1,10		9 58	0,75
D	14 07	7,05	L	15 04	7,20
	21 27	1,10		22 20	1,00
2	2 27	7,00	17	3 25	7,10
	9 44	1,15		10 36	1,00
L	14 46	6,95	Ma	15 44	6,95
	22 05	1,20		22 56	1,30
3	3 05	6,90	18	4 03	6,85
	10 22	1,25		11 14	1,30
Ma	15 26	6,80	Me	16 24	6,60
	22 43	1,35		23 33	1,60
4	3 46	6,75	19	4 43	6,55
	11 03	1,40		11 54	1,65
Me	16 13	6,65	J	17 08	6,25
	23 27	1,50	☾		
5	4 36	6,60	20	0 16	1,95
	11 52	1,55		5 30	6,20
J	17 10	6,50	V	12 43	1,95
☽				18 04	5,90
6	0 18	1,65	21	1 10	2,20
	5 35	6,45		6 34	5,90

Février 2017					
	Heures h min	Haut. m		Heures h min	Haut. m
1	2 47	7,10	16	3 28	6,95
	10 11	0,90		10 40	1,15
Me	15 09	7,05	J	15 45	6,70
	22 30	1,00		22 54	1,40
2	3 25	7,00	17	4 00	6,65
	10 50	1,05		11 12	1,45
J	15 52	6,90	V	16 20	6,40
	23 10	1,20		23 27	1,75
3	4 11	6,85	18	4 38	6,35
	11 33	1,20		11 49	1,80
V	16 43	6,65	S	17 04	6,00
	23 55	1,40	☾		
4	5 05	6,65	19	0 09	2,10
	12 25	1,45		5 29	5,95
S	17 45	6,45	D	12 40	2,20
☽				18 04	5,65
5	0 51	1,65	20	1 09	2,45
	6 12	6,40		6 39	5,60
D	13 29	1,65	L	13 49	2,45
	18 57	6,20		19 27	5,40
6	2 00	1,85	21	2 25	2,55
	7 31	6,25		8 08	5,50

Mars 2017					
	Heures h min	Haut. m		Heures h min	Haut. m
1	1 49	7,35	16	2 24	7,15
	9 16	0,55		9 41	0,90
Me	14 12	7,35	J	14 41	7,00
	21 35	0,65		21 54	1,05
2	2 27	7,30	17	2 53	6,95
	9 55	0,60		10 08	1,10
J	14 51	7,25	V	15 10	6,75
	22 13	0,75		22 20	1,30
3	3 05	7,25	18	3 23	6,75
	10 34	0,75		10 36	1,35
V	15 32	7,05	S	15 42	6,50
	22 52	0,95		22 49	1,60
4	3 49	7,05	19	3 58	6,45
	11 16	1,00		11 08	1,70
S	16 22	6,80	D	16 20	6,15
	23 36	1,25		23 23	1,95
5	4 43	6,75	20	4 42	6,05
	12 05	1,35		11 48	2,05
D	17 23	6,45	L	17 13	5,75
☽			☾		
6	0 29	1,60	21	0 11	2,30
	5 50	6,40		5 46	5,65

D'après un atlas de courants de marée du SHOM.

S'APPROCHER D'UNE CRIQUE SANS ÉCHOUER

Pour savoir s'il y a assez de hauteur d'eau pour naviguer avec ton bateau, reporte cette hauteur sur **la carte marine**.

Les cartes françaises indiquent la hauteur d'eau en mètres à la plus basse mer possible (c'est-à-dire avec un coefficient de 120). Rajoute alors la hauteur indiquée par l'annuaire à celle indiquée par la carte : cela t'indique la profondeur de l'eau à ce moment-là.

PREMIÈRE EXPÉRIENCE

Essaye de savoir quand un bateau dont la quille fait 1,8 m peut passer…ou non !

Regarde d'abord la hauteur d'eau indiquée sur la carte, par exemple 1 m. Cela signifie que lorsque la mer est la plus basse possible il y a 1 m d'eau.

Regarde ensuite l'annuaire des marées.

Imaginons qu'à 10 h, l'annuaire indique une marée basse avec 0,5 m de hauteur d'eau.

Dans ce cas : 1 m + 0,5 m = 1,50 m.

C'est trop bas pour ta quille de 1,8 m.

Mais penses-tu qu'à 16 h, sachant que l'annuaire des marées indique une marée haute de 4 m, tu pourras passer ?

Explications

À marée haute à 16 h, il y aura 1 m + 4 m, soit 5 m d'eau, ce qui permet à la quille de ton bateau de passer en toute sécurité.

Mais attention, la carte marine indique un rocher de 2,6 m avant la plage.

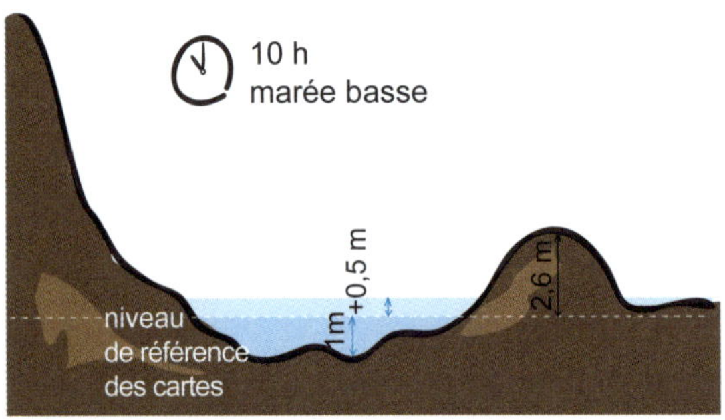

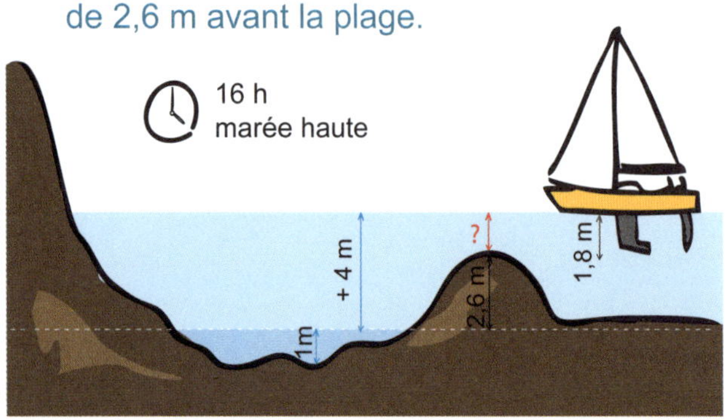

Les chiffres soulignés sur la carte sont utilisés pour les roches qui sont tantôt sous l'eau tantôt au-dessus de l'eau. Ils n'indiquent pas la profondeur d'eau mais au contraire la hauteur des rochers au-dessus de la plus basse mer. 2,6 m signifie qu'un rocher dépasse de 2,6 m quand la mer est la plus basse possible.

À 10 h, le rocher dépasse de 2,1 m car :
2,6 m – 0,5 m = 2,1 m

À 16 h, il y aura 1,4 m entre le haut du rocher et la surface de l'eau car :
4 m – 2,6 m = 1,4 m
Donc tu ne passes pas !

DEUXIÈME EXPÉRIENCE

Calcule la hauteur d'eau qu'il y a sous ton bateau à partir des indications de la carte et des horaires de marée. Regarde ensuite ce qu'indique le sondeur (appareil qui mesure la profondeur de l'eau sous le bateau). Cela te semble-t-il cohérent ?

SAVOIR LIRE LES CARTES MARINES ET CALCULER LA HAUTEUR D'EAU TE PERMET DE :

- naviguer en toute sécurité,
- t'approcher des côtes et découvrir des lieux magnifiques...

LES MOTS MARINÉS

Pour découvrir les mots mystères, pars du point jaune et suis le courant !

J	Q	A	S	D
S	O	D	A	R
H	O	M	O	T
●	U	N	S	A
C	E	L	I	Q

● ↑ → ↓ ↘ ←

●					

J	Q	A	S	D
S	U	D	A	R
J	R	S	O	T
●	A	N	S	A
C	T	N	B	Q

● ↑ ↗ ↘ ↙ ↘ ←

●						

Q	A	Z	E	D
M	T	I	G	A
L	F	G	O	N
●	M	I	R	W
E	N	A	B	Q

● → ↘ ↗ ↗ ↑ ← ↑

●							

QUAND Y A-T-IL DU COURANT ?

Un courant est une masse d'eau en mouvement. **Quand la mer monte ou descend**, les variations de hauteur d'eau provoquent un déplacement d'eau plus ou moins rapide, c'est-à-dire du courant.

DANS QUELLE DIRECTION ?

En général la mer monte dans un sens et redescend dans l'autre. Mais ce n'est pas toujours si simple. Heureusement les cartes de courants indiquent précisément la direction et la force du courant, heure par heure, en fonction de l'heure de la pleine mer. Ces cartes sont précieuses dans les zones à fort courant.

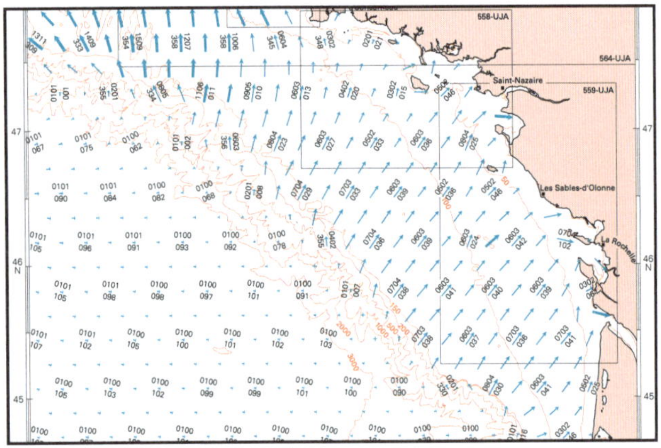

D'après l'annuaire des marées du SHOM.

AVEC QUELLE INTENSITÉ ?

La vitesse du courant s'exprime en nœuds. En général, le courant est faible à marée basse et à marée haute. Il forcit progressivement en montant et en descendant. Il est le plus fort à mi-marée. Par exemple tu sais que la marée est basse à 10 h et qu'elle est haute à 16 h. Alors le courant le plus fort sera autour de 13 h.

À SAVOIR

LES VITESSES EN MER S'EXPRIMENT EN NŒUDS

Les distances sur la terre se mesurent en kilomètres. Mais sur la mer elles se mesurent en milles marins (1 mille = 1,852 km). La vitesse d'une voiture sur la terre se calcule en kilomètres par heure. Tandis que la vitesse d'un bateau sur la mer ou la vitesse du courant se mesure en milles par heure c'est-à-dire en ***nœuds****. 1 nœud = 1 mille marin par heure = 1,852 km/h. Par exemple un bateau pris dans un courant de 10 nœuds avance à 18,52 km/h.*

OBSERVER LE COURANT

Voici plusieurs façons d'observer le courant.

- Lorsque tu passes près une bouée, regarde son sillage. Il t'indique vers où porte le courant et te donne une idée de son intensité.
- S'il n'y a pas de vent, les bateaux au mouillage se mettent dans le sens du courant.
- Lorsque tu navigues, si tu as l'impression que ton bateau avance « en crabe », c'est probablement qu'il y a du courant qui vous emporte d'un côté ou de l'autre.

Certains courants sont aussi provoqués par le vent. **Quand un vent fort souffle pendant plusieurs jours dans le même sens**, il entraîne l'eau en surface et crée un courant.

Tout s'explique

Le courant entraîne ton bateau comme sur un tapis roulant que tu ne maîtrises pas. Pour préparer ta navigation, il faut donc anticiper la direction et la vitesse auxquelles le courant va entraîner ton bateau.

WATER-POLO

Matériel nécessaire :

- 1 annexe,
- 1 ballon,
- 2 joueurs ou plus.

Aujourd'hui, il n'y a pas de vent, pas de courant. C'est le temps idéal pour organiser une partie de water-polo. Va à la rencontre des bateaux voisins pour inviter les enfants à constituer 2 équipes.

Amarre ton annexe à l'un des voiliers. Le but du jeu est de marquer le plus de buts possible en lançant le ballon dans l'annexe. Chaque équipe doit empêcher les adversaires de lancer le ballon, sans les couler bien sûr.

L'équipe qui marque le plus de points a gagné.

Tir au but (variante)

Matériel nécessaire :

- 1 annexe,
- 1 ballon,
- 1 joueur.

Tu peux aussi te servir de l'annexe comme d'un panier de basket et essayer de réaliser le plus de tirs gagants.

D'OÙ VIENNENT LES VAGUES ?

LA MER DU VENT

Tu as déjà observé une mer lisse comme un miroir. C'est le cas lorsqu'il n'y a pas du tout de vent. Mais dès que le vent souffle à la surface de l'eau, il forme des rides puis des vagues. C'est donc **le vent** qui génère les vagues. Plus il souffle fort et longtemps, plus les vagues sont importantes. Par exemple, quand un vent de 30 nœuds s'établit, les vagues atteignent près de 3 m après 6 heures et plus de 5 m si le vent persiste 2 jours.
On parle alors de « **mer du vent** ». Les vagues sont peu ordonnées et elles disparaissent rapidement quand le vent cesse.

Ainsi dès qu'il y a du vent fort, on peut s'attendre à une mer du vent forte.
La mer va être d'autant plus forte que le vent souffle fort et depuis longtemps.

Mais tu as peut-être aussi observé de belles vagues bien ordonnées qui arrivent du large alors qu'il n'y a pas de vent. Comment cela est-il possible ?

LA HOULE

EXPÉRIENCE

Prends le récipient le plus large que tu trouves, par exemple un grand plat à tarte. Remplis-le d'eau. Souffle à la surface de l'eau. Plus tu souffles fort, plus tu crées des vagues dans le récipient.

Maintenant émets un petit souffle, bref et léger, à une extrémité.

Qu'observes-tu?

Ton seul petit souffle suffit à propager une onde dans l'ensemble du plat. Lorsque tu as fini de souffler, l'onde continue d'avancer.

De même, lorsque le vent souffle sur la mer, la mer ondule et ses ondulations peuvent se propager très loin. C'est ce qu'on appelle la **houle**. Elle peut parcourir de très longues distances.

La houle est un système de vagues régulières qui a été créé par un vent dans un autre endroit. C'est pourquoi on peut naviguer sur une mer avec une longue houle mais sans vent. Ce qui n'est pas agréable… Si c'est le cas, cela doit aussi t'alerter. Cela signifie en effet qu'il y a un fort vent au large et qu'il va peut-être bientôt arriver.

À SAVOIR

MER DU VENT ET HOULE

La mer du vent est générée par le vent sur le lieu d'observation. La houle est générée par le vent en un autre lieu et s'est propagée. Elle est régulière.

Ainsi, un vent qui souffle fort et pendant longtemps en un endroit propage une houle importante ailleurs.
La houle et la mer du vent peuvent se combiner de multiples façons.

- **Il peut y avoir soit uniquement de la houle, soit uniquement de la mer du vent.**
- **Elles peuvent s'ajouter et augmenter la hauteur des vagues de façon importante.**
- **Elles peuvent avoir des directions différentes. Se forme alors une mer croisée, ce qui rend la navigation difficile voire dangereuse.**

LE COURANT

Lorsque le courant va à l'encontre du vent, il soulève la mer et crée des vagues. Il faut particulièrement se méfier des zones de vent contre courant. La mer peut être mauvaise et rendre la navigation difficile.

POURQUOI LES VAGUES DÉFERLENT-ELLES À LA PLAGE ET SUR LA CÔTE ?

Lorsqu'une vague arrive sur la côte, le fond qui remonte freine le bas de la vague, tandis que le haut de la vague continue d'avancer. Alors la vague s'incurve et tombe en avant comme si on lui avait fait un croche-pied.

QUE FAUT-IL SURVEILLER LORSQU'IL Y A DES VAGUES ?

Le bateau

Les mers fortes et surtout les mers croisées peuvent endommager les bateaux. Il faut bien sûr éviter de naviguer dans ces conditions.

L'équipage

Sans parler de mer forte, dès qu'il y a des vagues la croisière devient moins confortable. On est mouillé par les embruns. On risque d'avoir le mal de mer. On a plus de chance de tomber à l'eau. Il faut s'attacher.
Plus que jamais il faut **mettre son gilet de sauvetage !**

La navigation

Dès qu'il y a des vagues, la navigation devient aussi plus compliquée. On est moins à l'aise pour regarder la carte…

Le bulletin météo

Tu as vu que l'origine des vagues peut être complexe. La houle peut être créée en un autre endroit que là où tu navigues. Ce n'est donc pas toujours évident d'anticiper l'état de la mer.
Tu as vu aussi que les vagues peuvent rendre ta navigation difficile.
C'est pourquoi **il faut s'informer de l'état de la mer avant de partir.** Lorsque tu prends les prévisions météo, regarde l'état de la mer (mer belle, peu agitée, agitée, forte…) et la hauteur des vagues (en mètres).
Regarde aussi l'échelle de Beaufort page 40.

À QUOI SERVENT LA MER ET LES OCÉANS ?

LES OCÉANS RÉGULENT LE CLIMAT

On a vu que 70 % de la surface terrestre est recouverte d'eau. Or, l'eau de mer se réchauffe et se refroidit beaucoup moins vite que la terre. C'est pourquoi les océans jouent le rôle d'un grand régulateur thermique à l'échelle de la planète.
Les courants océaniques jouent également un rôle important, dans la mesure où ils transportent des eaux chaudes superficielles de l'équateur vers les pôles, et des eaux froides profondes en sens inverse.
Sans ces régulations thermiques, la Terre serait invivable.

LA MER, SOURCE DE VIE

Les océans ont permis aux premières formes de vie d'apparaître il y a près de 3,8 milliards d'années. La mer reste encore aujourd'hui une importante réserve de nourriture (poissons, coquillages, crustacés, algues...). Elle abrite une variété impressionnante d'animaux et de plantes.

COMMENT PROTÉGER LA MER ?

La mer semble avoir une puissance infinie mais elle est fragile.

- Elle ne peut pas tout régénérer : les réserves de poissons ne sont pas inépuisables.
- Elle ne peut pas non plus absorber tous les déchets.

La protection de notre planète et de nos océans est une problématique mondiale.
Mais chaque individu a aussi sa responsabilité.
Le moindre petit geste peut créer des déséquilibres et avoir une incidence qu'on ne soupçonne pas. Par exemple, les débris de plastiques ont des effets désastreux sur les animaux marins qui les confondent avec des proies et les mangent. Certains en meurent.
Or un seul sac plastique ou une bouteille en plastique met plus de 400 ans à se dégrader en mer.
Les petites actions sont donc importantes.

Es-tu un écocitoyen de la mer ?

OUI	NON	PARFOIS	
☐	☐	☐	Je ne jette pas de sacs plastiques à la mer.
☐	☐	☐	Je ramasse les déchets que je trouve sur la plage.
☐	☐	☐	Quand je pêche, je m'informe des espèces protégées.
☐	☐	☐	Je ne pêche que les poissons respectant des tailles minimales.
☐	☐	☐	Je m'interroge si mon action participe ou non à la protection de la mer.

Compte le nombre de OUI (+2 points) et le nombre de PARFOIS (+1 point).
Les réponses NON ne te donnent pas de points.

Tu as entre 8 et 10 points : BRAVO, tu es un écocitoyen de la mer. Continue !
Tu as entre 5 et 7 points : tu es en bonne voie de devenir un écocitoyen de la mer, mais tu peux encore t'améliorer !
Tu as entre 0 et 4 points : tu es encore loin d'être un écocitoyen de la mer...

La mer est indispensable à la vie sur Terre. Elle est aussi pour nous un espace de jeu et de découverte merveilleux. Préservons-la !

LE VENT

COMPRENDRE LE VENT

QU'EST-CE QUE LE VENT ?

EXPÉRIENCE

C'est très simple : agite un éventail, un morceau de carton ou un livre près de ton visage.

Qu'observes-tu ?

Tu sens le vent sur ta peau, et plus tu agites fort, plus le vent se fait ressentir !

Explications

Tout autour de toi, il y a de l'air. Quand tu ne bouges pas et que rien ne bouge autour de toi, l'air reste immobile. Mais quand tu te déplaces, ou quand tu fais bouger un objet, par exemple l'éventail, le carton ou le livre que tu as agité, l'air qui est autour de toi se met à bouger car tu le pousses et tu le déplaces.
Et dès qu'il se met à bouger, l'air devient… du vent !

Comme le courant, la vitesse du vent s'exprime en nœuds. Un vent de 10 nds est une petite brise, 15 nds une bonne brise et 25 nds un vent fort. Au-delà de 50 nds, on parle de tempête.

À présent que l'on a bien compris que **le vent est de l'air qui se déplace**, il faut comprendre… ce qu'est l'air !

QU'EST-CE QUE L'AIR ?

PREMIÈRE EXPÉRIENCE

- Prends un sac en plastique, ouvre-le bien grand avec tes deux mains.
- Fais-le tourner rapidement autour de toi afin de le gonfler puis ferme le sac le plus vite possible et fais un nœud pour que l'air qui est rentré ne s'échappe pas.
- Essaye d'écraser le sac.

Qu'observes-tu, et que comprends-tu ?

Tu ne peux pas ! Tu peux **sentir** que l'air est bien présent à l'intérieur, et il résiste !

DEUXIÈME EXPÉRIENCE

- Plonge ton sac toujours bien fermé et gonflé dans un saladier plein d'eau.
- Puis fais des petits trous avec une épingle ou un objet pointu.

Qu'observes-tu et que comprends-tu ?

Des bulles d'air sortent. Tu peux donc **voir** l'air qui était à l'intérieur du sac.

TROISIÈME EXPÉRIENCE

- Prends un saladier plein d'eau, et deux verres vides. Remplis l'un des verres, plonge-le sous l'eau, puis retourne-le sous l'eau.
- Plonge le deuxième verre directement à l'envers sans le remplir d'eau. Comme ton verre est à l'envers, il ne peut pas se remplir d'eau quand tu le plonges dans le saladier, et il garde son air. Ainsi tu as sous l'eau : un verre plein d'eau et un verre plein d'air !
- Sans le sortir de l'eau, soulève ton verre plein d'air. Une bulle va s'échapper. C'est une bulle d'air. Attrape-la vite avec ton verre plein d'eau !

Qu'observes-tu et que comprends-tu ?

Tu vois que l'air peut se **déplacer** d'un endroit à un autre !

TOUT S'EXPLIQUE

L'air t'entoure partout où tu vas, mais en général tu ne le vois pas car il n'a pas de couleur et tu ne le sens pas avec ton nez, car il n'a pas d'odeur. Et pourtant tes expériences t'ont bien prouvé qu'il existe, qu'il se déplace et que dans certaines circonstances, on peut l'observer !

À SAVOIR

L'ATMOSPHÈRE

L'air est composé d'un mélange de gaz qui enveloppent et qui protègent notre planète, notamment contre les rayons trop forts du soleil. Cette enveloppe s'appelle l'atmosphère. Les deux principaux gaz de l'air s'appellent l'azote (76 %) et l'oxygène (23 %).

Voyons à présent des expériences qui vont te montrer que l'air, le protecteur de notre Terre, peut exercer une force et même déplacer des objets.

L'AIR PEUT-IL EXERCER UNE FORCE ?

EXPÉRIENCE

1. Prends une bouteille en plastique vide. Mets le bouchon et visse-le solidement. Essaye d'écraser la bouteille.

Qu'observes-tu et que comprends-tu ?

Tu ne peux pas écraser la bouteille ! La raison est que l'air qui est emprisonné à l'intérieur de la bouteille résiste, et qu'il est plus fort que toi !

2. Emprunte le gonfleur de l'annexe, un outil qui sert donc à envoyer de l'air. Avec ton doigt, ou avec un objet, bouche l'endroit où l'air devrait sortir. Si tu n'y arrives pas, demande à quelqu'un de boucher la sortie d'air pour toi. Ensuite, essaye d'actionner la pompe.

Qu'observes-tu et que comprends-tu ?

Tu n'arrives pas à actionner la pompe !
C'est que l'air qui est à l'intérieur ne peut pas sortir, car le trou est bouché, et il résiste ! Si simplement tu débouches le trou, alors la pompe fonctionnera très facilement.

Tout s'explique

L'air occupe l'espace à l'intérieur de la bouteille comme à l'intérieur du gonfleur. Il résiste aux pressions extérieures. Tu peux aussi sentir la résistance de l'air quand tu fais du vélo avec un vent de face, et que tu as du mal à avancer.

L'AIR PEUT-IL DÉPLACER DES OBJETS ?

PREMIÈRE EXPÉRIENCE

Fabrique une sarbacane en papier : c'est-à-dire un tube pour souffler dedans. Roule une feuille de papier et scotche-la pour qu'elle ne puisse pas se dérouler. Insère une petite boulette de papier. Souffle fort dans le tuyau.

Qu'observes-tu ?

Lorsque tu souffles dans la sarbacane, tu y introduis de l'air qui pousse la boulette. La boulette jaillit du tube.

DEUXIÈME EXPÉRIENCE

Tu vas essayer de comprendre toi-même ce que signifie cette expérience.

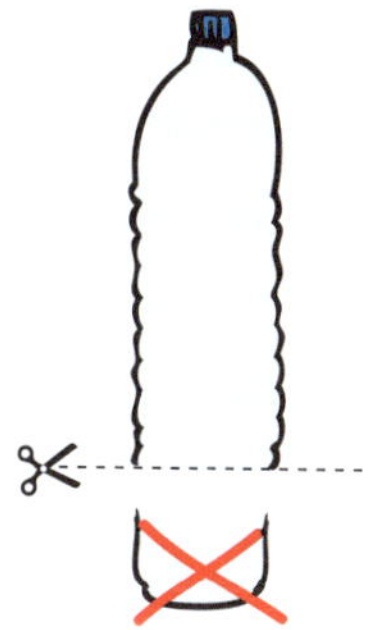

- Prends une bouteille en plastique, garde le bouchon vissé et demande à un adulte d'en couper le fond.
- Remplis d'eau un saladier transparent.
- Pose un petit objet flottant à la surface de l'eau. Nous avons dessiné un canard, mais tu peux prendre un bouchon, un petit morceau de bois ou un petit bateau en papier. L'important est que l'objet que tu as choisi soit de petite taille et qu'il flotte.
- Prends ta bouteille avec son fond ouvert et son bouchon bien vissé dessus. Tiens-la délicatement à la surface de l'eau, au-dessus de l'objet qui flotte.

Avant d'appuyer sur la bouteille, essaye de deviner : que va-t-il se passer dans la bouteille quand tu vas l'enfoncer dans l'eau ? Le petit objet flottant va-t-il plonger sous l'eau ? Le niveau de l'eau dans la bouteille va-t-il monter ou descendre ?

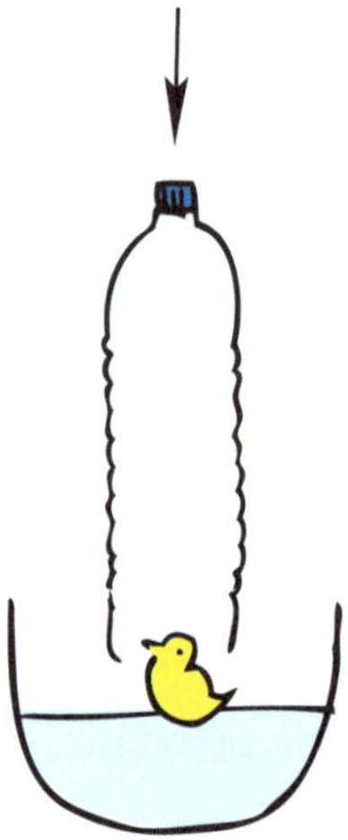

- Puis appuie bien fort, et bien droit, pour enfoncer la bouteille au fond de l'eau, avec l'objet dedans.

Est-ce que tu as senti que la bouteille s'enfonçait facilement ou difficilement dans l'eau ?

....
....
....

Qu'a fait l'eau ? Est-elle montée dans la bouteille ? Est-elle montée dans le saladier ?

....
....
....

L'objet semble-t-il mouillé ?

....
....
....

Maintenant, en faisant bien attention, dévisse le bouchon sans faire bouger la bouteille.

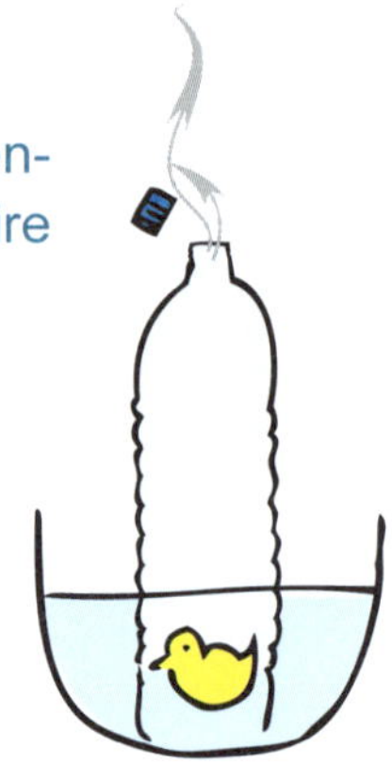

Que se passe-t-il ?

....
....
....

Explications

Si tu as bien réussi ton expérience, ton objet est descendu sous le niveau d'eau du saladier sans se mouiller !
En effet, il y avait de l'air dans ta bouteille. L'air a « exercé une pression » sur l'eau : cela veut dire que l'air, avec sa force, a appuyé sur l'eau. L'eau s'est donc retirée au fur et à mesure que ta bouteille descendait. Ton objet est descendu en même temps que le niveau de l'eau et il est arrivé en bas du saladier sans se mouiller.
Mais quand tu as ouvert le bouchon, l'air s'est échappé. Il a donc arrêté de « faire pression » sur l'eau. L'eau est immédiatement revenue ! C'est bien la preuve que c'était l'air qui l'avait forcée à s'en aller.

Tout s'explique

Ces deux expériences, celle de la sarbacane et celle de la bouteille, montrent que l'air exerce une pression qui peut déplacer des choses.

POUR EN SAVOIR PLUS SUR L'AIR ET LE VENT

L'AIR EST-IL LOURD ?

EXPÉRIENCE

Cela paraît difficile de peser de l'air. Et pourtant, s'il y a à bord une balance de cuisine ou une balance très précise, tu peux essayer. Prends un sac plastique (ou un ballon de baudruche), aplatis-le bien, et mets-le sur la balance. Il ne pèse presque rien ! Ensuite, remplis-le d'air comme tu l'avais fait pour l'expérience de la page 23.
Penses-tu que le sac ainsi rempli d'air va peser le même poids, être plus léger ou plus lourd ? Pour le savoir, viens le remettre, bien gonflé, sur la balance.

Qu'observes-tu ?

....

....

Explications

Le sac rempli d'air (ou le ballon gonflé) est plus lourd car le poids de l'air dans le sac se rajoute au poids du sac.

Cet air invisible n'a pas fini de nous surprendre. On a vu qu'il prend de la place, qu'il exerce une résistance et une pression, et qu'il peut même déplacer des objets aussi lourds que l'eau. Notre expérience montre maintenant que même si on ne le sent pas sur nos épaules, l'air a un poids. Plus l'air est lourd, plus il va exercer une pression.

QU'EST-CE QUE LA PRESSION ATMOSPHÉRIQUE ?

On a vu que l'air qui entoure la Terre s'appelle l'atmosphère. C'est pourquoi **la pression de l'air** sur la Terre s'appelle la pression atmosphérique. C'est le poids de l'air au-dessus de nos têtes. **Elle s'exprime en hectopascals (hPa).**
Par exemple en haut d'une montagne, la masse d'air au-dessus de nos têtes est moins importante qu'en bas de la montagne. Comme il y a moins d'air, il pèse moins lourd. La pression atmosphérique est donc moins importante en altitude qu'au niveau de la mer.

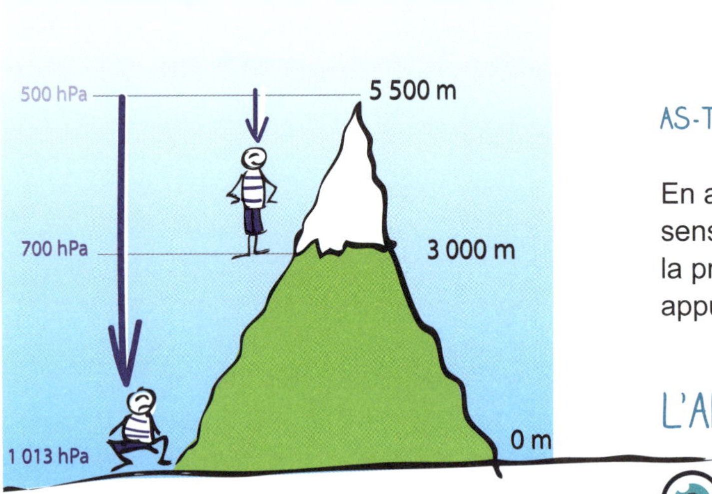

FAIS UN PARI

Imagines que tu achètes un paquet de chips en haut d'une montagne. Tu descends dans la vallée et tu oublies de manger les chips en route. Le paquet est resté fermé. Quel sera la forme du paquet quand tu seras arrivé en bas de la montagne ? Sera-t-il plus gros ou plus petit ?

GAGNÉ OU PERDU ?

La pression atmosphérique est plus importante en bas de la montagne. L'air appuie donc plus fortement sur le sachet. Du coup, le sachet semble aplati, et plus petit !
Inversement si tu achètes un paquet de chips dans la vallée et que tu l'emportes en haut de la montagne, il aura l'air gonflé. Car la pression atmosphérique est moins importante en haut de la montagne et l'air appuie moins sur le sachet.

AS-TU DÉJÀ REMARQUÉ ?

En allant à la montagne, as-tu déjà eu des sensations étranges dans les oreilles ? C'est la pression atmosphérique qui change et qui appuie différemment sur tes tympans !

L'AIR CHAUD ET L'AIR FROID

EXPÉRIENCE

Laisse l'annexe à moitié gonflée un après-midi au soleil. L'air dans les boudins de l'annexe se réchauffe et se dilate : l'annexe se gonfle toute seule !

Inversement as-tu remarqué que l'annexe est souvent un peu dégonflée après une nuit fraîche ?

Tout s'explique

Lorsque l'air se réchauffe, il se détend et augmente de volume. L'air chaud prend plus de place que l'air froid. On dit qu'il se dilate. Il arrive ainsi qu'un ballon de baudruche exposé au soleil éclate ! En se réchauffant, l'air emprisonné dans le ballon prend plus de place, il se dilate et le ballon finit par éclater. Inversement lorsque l'air se refroidit, il se contracte : il occupe moins de place. On dit qu'il est plus dense.

COMMENT L'AIR SE DÉPLACE-T-IL VERTICALEMENT?

EXPÉRIENCE

1. Observe autour de toi

Fait-il plus chaud sur la couchette du haut ou sur celle du bas ? Dans une mezzanine ou dans la pièce en dessous ? Qu'en déduis-tu ? Où est allé l'air chaud ?

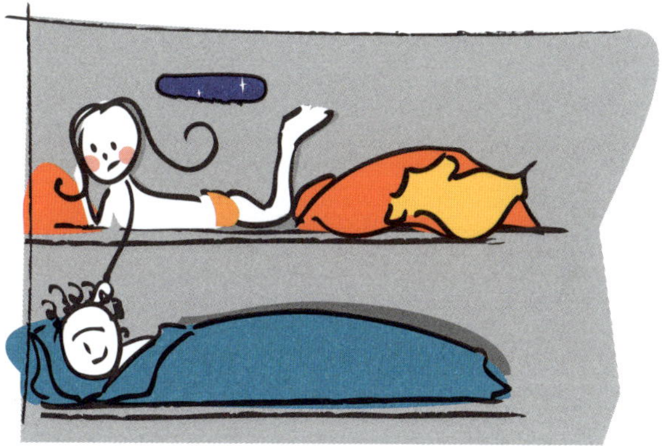

2. Crée un outil

Tu peux créer un outil qui va te servir à observer tous les petits déplacements d'air. Découpe un petit ruban dans un sac en plastique fin. Pour pouvoir observer les moindres déplacements d'air, le plastique doit être très fin. Par exemple un brin de laine sera trop lourd. Colle-le avec du scotch sur un bâton, un crayon ou un morceau de latte. Place cette petite girouette au-dessus d'une source de chaleur : un radiateur, le pont surchauffé au soleil…

Que se passe-t-il ?

………………………………………………………

………………………………………………………

Explication

Tu as déjà remarqué que plus une chose est légère, plus elle peut monter dans les airs. Une plume peut s'envoler très haut, alors que si tu lances un caillou, il retombe aussitôt.
Or :

- l'air chaud dilaté est plus léger que l'air froid. Donc **plus l'air se réchauffe, plus il monte** ;
- l'air froid plus dense est plus lourd que l'air chaud. Donc **plus l'air se refroidit, plus il descend**.

C'est pourquoi il fait toujours plus chaud en haut : sur la couchette du haut ou sur une mezzanine. Dès lors que l'air est réchauffé par le soleil ou toute autre source de chaleur, il s'élève. L'outil que tu viens de créer, placé au-dessus d'une source de chaleur, indique bien que l'air monte.

COMMENT L'AIR SE DÉPLACE-T-IL HORIZONTALEMENT?

Tu as probablement déjà entendu tes parents de demander de fermer les portes pour éviter les « courants d'air ».
Ils ont raison : lorsqu'il fait froid l'hiver et que les maisons sont chauffées, tu as sûrement déjà remarqué que si on laisse une porte ou une fenêtre ouverte, le froid s'engouffre dans la maison et vient te geler les pieds.

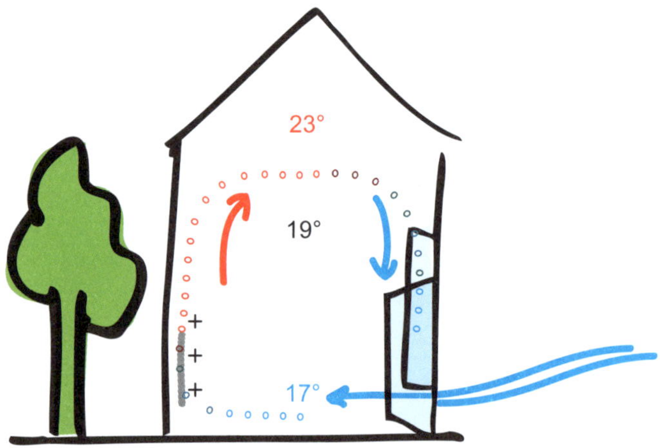

Un radiateur dans une maison chauffe l'air qui l'entoure. Or, on a vu que l'air chaud s'élève. Alors, l'air qui est au-dessus du radiateur monte vers le plafond. Lorsque l'air autour du radiateur se déplace vers le haut, il crée un vide à sa place. Aussitôt, une partie de l'air qui était au sol va venir se mettre dans ce vide.

D'autre part, comme tu l'as peut-être déjà compris, c'est de l'air froid et lourd qui vient combler le vide. Il va être chauffé, et va monter à son tour.

Ainsi, l'air chaud qui monte crée un déplacement d'air au sol. En montant il crée un vide à sa place qui aspire l'air froid qui est au sol. Au sol, l'air se déplace du froid vers le chaud. C'est pourquoi lorsqu'il fait froid dehors et que tu ouvres la porte de la maison, un courant d'air froid vient te geler les pieds. L'air froid plus lourd s'engouffre par en bas dans la maison.

Ainsi, les différences de température créent des petits courants d'air dans une maison : l'air froid se déplace au sol et l'air chaud se déplace au plafond.

De même, lorsque des écarts de température apparaissent entre des régions entières, cela crée du vent. Les variations de température sont même le principal moteur du vent sur notre planète !

QUE SONT UN ANTICYCLONE ET UNE DÉPRESSION ?

RÉCAPITULONS

- Dans les zones d'air chaud, l'air est plus léger. Donc la pression atmosphérique est plus faible.
- Dans les zones d'air froid, l'air est plus lourd. La pression atmosphérique est plus forte.

De grandes zones se créent ainsi sur la terre avec des différences de pression plus ou moins importantes.

- On parle de zone de basses pressions ou de **DÉPRESSION** dans les zones où l'air est chaud et léger.
- On parle de zone de hautes pressions ou d'**ANTICYCLONE** dans les zones où l'air est froid et lourd.

Ces masses d'air évoluent sans cesse sur la planète. Des dépressions ou des anticyclones naissent, se développent plus ou moins, se déplacent plus ou moins et finissent souvent par disparaître, pendant que d'autres apparaissent…
Dans nos régions la pression varie globalement de 950 hPa à 1050 hPa. La limite entre les zones de hautes et de basses pressions est

autour de 1015 hPa. Cette limite permet de distinguer les dépressions (avec des valeurs en dessous de 1015 hPa) des anticyclones (avec des valeurs au-dessus de 1015 hPa). Par exemple une zone avec une pression atmosphérique autour de 990 hPa est une dépression. Une zone avec une pression atmosphérique autour de 1020 hPa est un anticyclone.

SAIS-TU CE QU'EST UNE SURCOTE DE MARÉE ?

Dans une dépression, l'air est plus léger, mais on ne peut pas vraiment s'en rendre compte. Cependant on peut l'observer avec une surcote de marée. En effet, quand on entre dans une zone de dépressions, l'air, en devenant plus léger, appuie moins sur la mer. Du coup, la mer a tendance à monter plus haut. Les fortes dépressions peuvent même provoquer d'importantes inondations à marée haute !

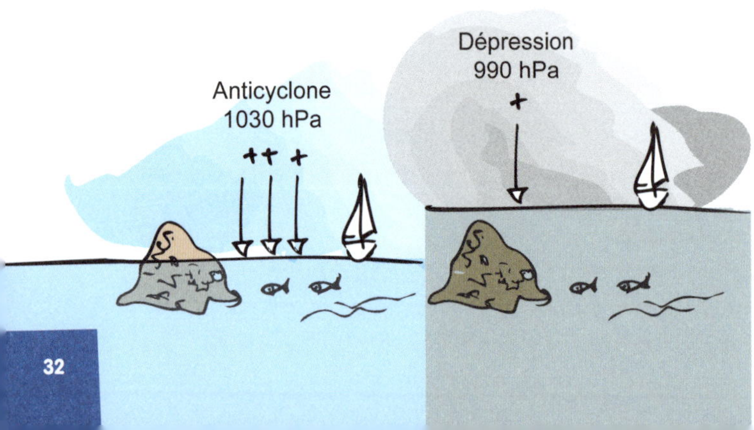

Pour résumer, une surcote est un dépassement inhabituel du niveau de la marée haute.

Souviens-toi de l'expérience avec le canard dans la bouteille. Lorsque dans un premier temps tu as appuyé sur la bouteille, l'air a appuyé sur l'eau. Tu as créé un anticyclone dans la bouteille qui appuie sur l'eau. En situation anticyclonique importante, l'air appuie plus sur la mer. Le niveau d'eau est plus bas que prévu. On parle de décote.

EST-CE QU'IL PLEUT TOUJOURS DANS UNE DÉPRESSION ?

On entend souvent que la dépression est synonyme de mauvais temps.
En effet, nous verrons que dans une dépression, quand l'air plus léger s'élève, cela crée des nuages et donc de la pluie. C'est pourquoi les dépressions apportent souvent du mauvais temps.

QU'EST-CE QUE LE VENT SYNOPTIQUE ?

EXPÉRIENCE

Prends le gonfleur de l'annexe (ou une pompe à vélo).

- Lorsque tu appuies dessus, tu chasses l'air vers l'extérieur.

- Lorsque tu tires le piston d'une pompe, tu aspires l'air.

Dans les deux cas, tu fais du vent et plus tes mouvements sont rapides et importants, plus le vent que tu crées est fort.

Explication

- En appuyant sur le gonfleur de l'annexe, tu chasses l'air hors du gonfleur et tu crées un petit souffle.

De la même façon, à l'échelle de la planète, les anticyclones chassent l'air. En effet dans ces zones de haute pression, l'air est plus lourd. Il descend. Lorsqu'il arrive au sol, il sort de l'anticyclone et s'en échappe. L'air de l'anticyclone pousse alors l'air qui est au sol. Il crée du vent !

- Quand tu tires sur le piston d'une pompe, tu crées un vide dans la pompe que vient combler l'air extérieur. Tu aspires l'air qui est à l'extérieur de la pompe.

De la même façon, à l'échelle de la planète, les dépressions aspirent l'air. En effet, dans ces zones de basse pression, l'air est plus léger. Il monte. Il crée un vide à sa place et aspire l'air au sol. Il crée aussi du vent !
C'est pourquoi le vent va des hautes pressions qui chassent l'air vers les basses pressions qui aspirent l'air, c'est-à-dire des anticyclones vers les dépressions. Ce vent créé par les différences de pression à l'échelle de la planète s'appelle le vent synoptique.

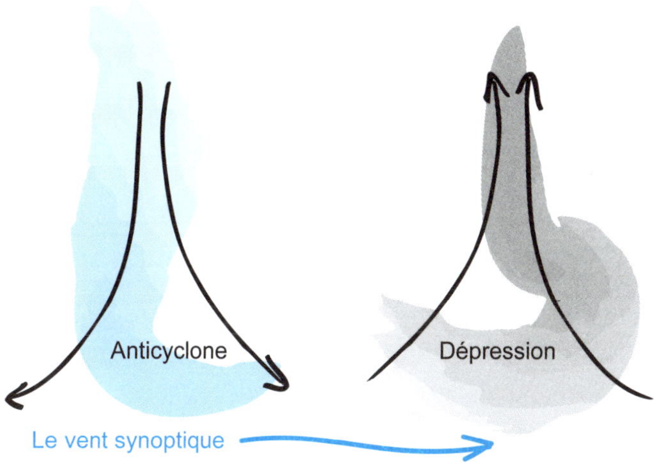

QU'EST-CE QU'UNE CARTE ISOBARIQUE ?

Les navigateurs regardent beaucoup les cartes isobariques. À quoi cela peut-il servir ?

On vu qu'il y a sur la Terre des zones avec plus ou moins de pression.
Voici par exemple les mesures qui ont été faites en différents points sur la carte de la page 34.

DESSINE UNE CARTE ISOBARIQUE

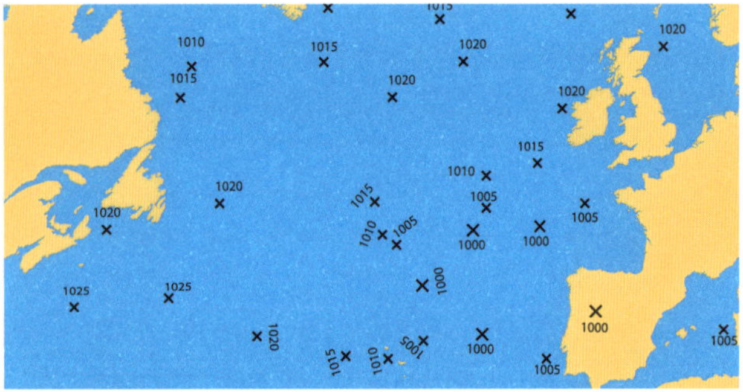

Prends un crayon de papier et relie tous les points qui ont la même pression. Par exemple tous les points de 1020 hPa, puis tous les points de 1015 hPa, etc.

La carte que tu as dessinée doit ressembler à celle-ci.

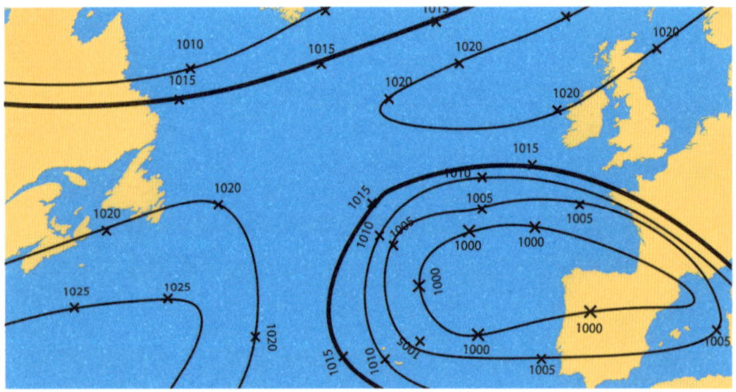

Les courbes que tu as tracées s'appellent des **isobares**. Ce sont les lignes qui relient tous les endroits où la pression est identique. Comme on l'a vu précédemment, la ligne isobarique des 1015 hPa (qui relie tous les points où la pression est à 1015 hPa) marque la séparation entre les anticyclones et les dépressions.

Ce tracé d'isobares permet de faire apparaître les centres des anticyclones et des dépressions.

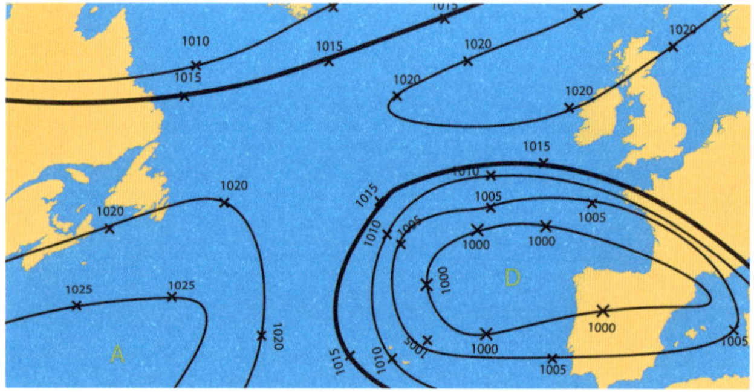

Lorsqu'on se rapproche du centre d'un anticyclone, la pression augmente progressivement. Elle passe par exemple de 1020 hPa à 1025 hPa, puis à 1030 hPa. **Les centres des anticyclones représentent l'endroit où il y a le plus de pression.**

Lorsqu'on se rapproche du centre d'une dépression, la pression diminue progressivement. Elle passe par exemple de 1010 hPa à 1005 hPa puis 1000 hPa. **Les centres des dépressions représentent l'endroit où il y a le moins de pression. Une carte isobarique est une cartographie**

de ces zones de pression, avec les anticyclones et les dépressions.

À QUOI SERT UNE CARTE ISOBARIQUE ?

Voici les informations que te donne la carte isobarique.

- Elle t'indique d'abord si tu es dans une zone anticyclonique ou dépressionnaire, c'est-à-dire si tu risques d'avoir du beau temps ou du mauvais temps.
- Elle t'indique aussi la force du vent.

Que tu sois situé dans un anticyclone ou une dépression, il faut regarder l'espacement entre les isobares. Plus les isobares sont serrées, plus la différence de pression est importante et plus cela va créer du vent.

EXPLICATION

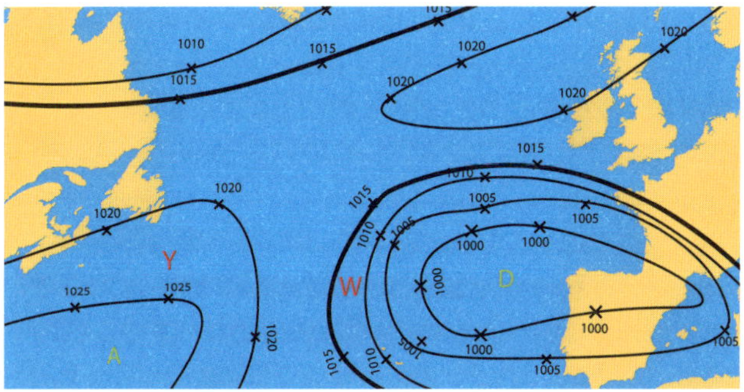

Au point W, les isobares sont serrées. Les lignes des 1015 hPa et des 1010 hPa sont très proches, cela signifie que la pression baisse de 5 hPa sur une très courte distance. Le vent va alors aller très vite pour combler cette différence de pression, comme un ruisseau qui descendrait d'un coup une forte pente.

Par contre au point Y, les isobares sont espacées. Le vent va alors aller doucement. Il a tout le temps de combler cette différence de pression, comme un ruisseau qui descendrait une pente douce.

C'est pourquoi **plus les isobares sont serrées, plus le vent est fort**.

QU'EST-CE QUE LA BRISE THERMIQUE ?

Les matins d'été, lorsqu'il fait beau, le soleil chauffe la terre et la mer. Mais la terre se réchauffe beaucoup plus vite que la mer. En une matinée de soleil, la mer va se réchauffer d'à peine quelques degrés alors que la température à terre peut passer de 20 °C à 30 °C.

Or, on l'a vu précédemment, un air chaud s'élève.

En fin de matinée, l'air qui a bien chauffé sur la terre s'élève et crée un vide au-dessus de la terre. Assez vite, en début d'après-midi, l'air plus frais de la mer vient combler ce vide, exactement comme on l'avait vu avec l'expérience du radiateur.

Ce vent, c'est ce qu'on appelle la **brise thermique** : elle va, les après-midis d'été,

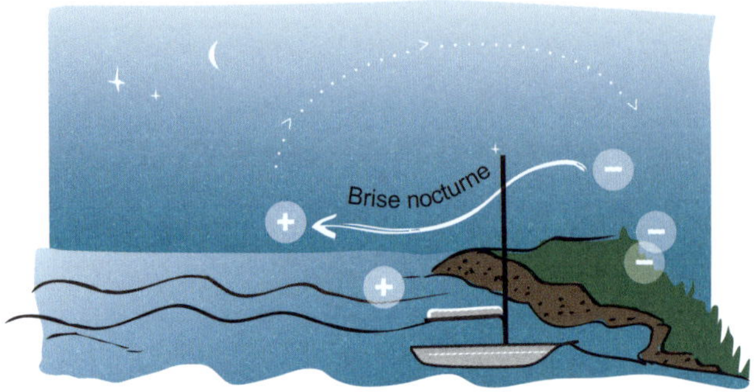

du froid vers le chaud, c'est-à-dire de **la mer vers la terre**.

La nuit, le phénomène inverse se produit.
La terre perd vite sa chaleur alors que la mer reste quasiment à la même température. **La brise de nuit va comme toujours du froid vers le chaud, mais cette fois-ci c'est la terre qui est plus froide. La brise va donc de la terre vers la mer.**

QUE FAIT LE VENT LES BELLES JOURNÉES D'ÉTÉ ?

Lorsqu'il fait beau et chaud, le vent est souvent faible le matin, il peut devenir quasi nul vers midi.

Puis la brise se lève en début d'après-midi pour se renforcer dans l'après-midi. Elle va alors de la mer vers la terre. Elle se calme en fin d'après-midi, voire en début de nuit, quand le soleil ne chauffe plus. C'est la fin de la brise de jour.
Ensuite, vers 2 h du matin, la brise de nuit se lève cette fois-ci de la terre vers la mer. Elle se renforce jusqu'au petit matin quand il fait bien froid. Le vent va donc dans un sens l'après-midi

puis dans l'autre la nuit.
Il ne faut pas oublier d'intégrer ces importantes évolutions de vent pour la navigation et de bien réfléchir avant de choisir un mouillage pour la nuit !

PRÉVOIR LE VENT POUR LA JOURNÉE

Tu as maintenant les clefs pour mieux comprendre le vent et donc l'anticiper. Voici ce qu'il te reste à faire pour prévoir le vent pour ta navigation et éviter les mauvaises surprises...

- Regarde d'abord **la carte isobarique du jour** à la capitainerie, dans le journal ou sur internet.

Si les isobares sont serrées, tu peux t'attendre à un vent fort. Si une dépression arrive, tu peux t'attendre à du mauvais temps. Si c'est un anticyclone, ce sera plutôt du beau temps mais ce n'est pas systématique.

- Puis demande-toi s'il va faire **beau et chaud** dans la matinée. Est-ce que le soleil est déjà en train de chauffer ?

Si le vent synoptique n'est pas trop fort et qu'il fait beau et chaud, tu peux t'attendre à sentir une brise thermique, qui souffle de la mer vers la terre, l'après-midi. Indice supplémentaire : si tu vois en fin de matinée des petits nuages apparaître sur la côte, c'est que la terre chauffe (comme tu vas le voir au chapitre suivant) et la brise ne devrait pas tarder...

- Informe-toi ensuite des **prévisions** météo.

Regarde le bulletin météo marine et les prévisions de vent à la capitainerie, par téléphone ou par internet. Écris ces prévisions dans le livre de bord afin de ne pas les oublier. Quand tu seras en mer, tu pourras ainsi les lire à nouveau. Ces prévisions sont faites par des spécialistes qui disposent de moyens importants. Elles vont t'apporter des informations précieuses.

- Enfin, et c'est le plus important, **observe le vent** !

Surveille son évolution au cours de ta navigation. Vois si cela correspond à tes prévisions.
Note régulièrement dans le livre de bord les changements de temps. Essaie de comprendre ce qu'il se passe, demande aux adultes autour de toi de t'aider et tu deviendras un navigateur averti !
Tu auras ainsi une bonne idée de l'évolution du vent sur la journée. Mais de petites ou grandes choses peuvent venir le perturber temporairement. Ce sont les nuages.

LA FLEUR À VENT

Fais du recyclage et transforme une bouteille de boisson gazeuse en moulinet.

Matériel nécessaire :

- 1 bouteille de boisson gazeuse avec son bouchon
- 1 paire de ciseaux
- 1 aiguille
- 1 bouchon de liège
- 1 pic à brochette

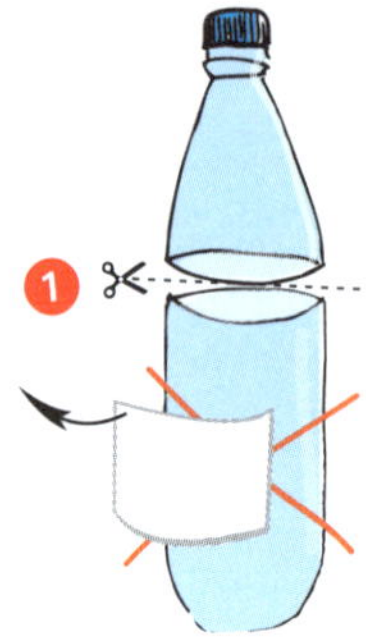

1 Découpe la bouteille en 2 parties. Tu vas te servir de la partie supérieure de la bouteille (environ 25 cm).

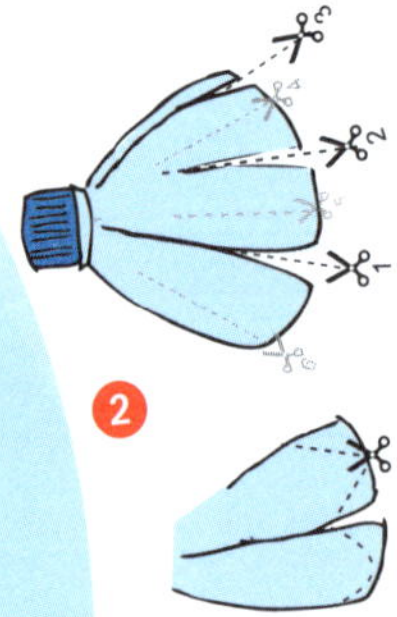

2 Trace 6 ou 8 traits pour diviser le haut de la bouteille en 6 ou 8 pétales égaux. Donne des coups de ciseaux dans le sens vertical.
Tu peux choisir la forme de ton pétale en redécoupant l'extrémité (en pointe, en arrondi...).

3 Ouvre la fleur et plie chaque pétale à l'horizontale vers le goulot.

4 Fixe le bouchon de liège sur le pic à brochette. Transperce le bouchon de la bouteille avec l'aiguille, pique l'aiguille dans le bouchon de liège.

5 Mets ta fleur face au vent.

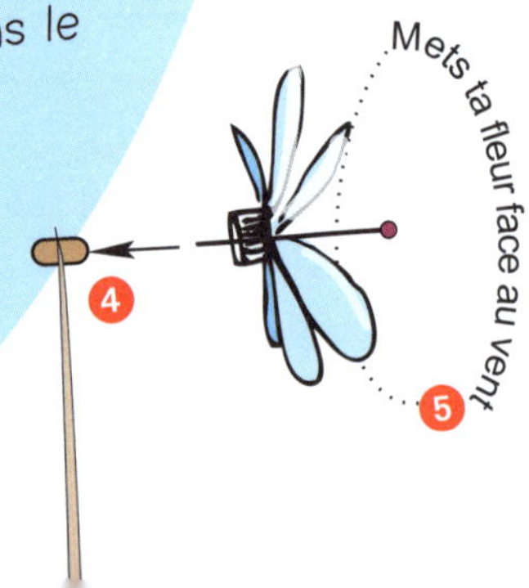

COMMENT SAVOIR D'OÙ VIENT LE VENT ?

- Le vent dans les oreilles : lorsque ta tête est face au vent, tu ressens la même pression du vent dans chaque oreille.
  Si tu ressens une pression plus forte dans une oreille, c'est que ta tête n'est pas face au vent.
- Le vent dans les cheveux : ils se mettent dans l'axe du vent.
- Un doigt mouillé : lorsque tu pointes ton doigt mouillé vers le ciel, le vent refroidit le côté mouillé et t'indique ainsi sa direction.
- La manche à air.
- Les drapeaux.
- Les fumées.
- Les vagues.
- La girouette.

ÉCHELLE DE BEAUFORT

FORCE **0-2**	FORCE **3**	FORCE **4**	FORCE **5**	FORCE **6**	FORCE **7-8**	FORCE **9-12**
1 à 6 nœuds	7 à 10 nœuds	11 à 16 nœuds	17 à 21 nœuds	22 à 27 nœuds	28 à 40 nœuds	41 à +64 nœuds
Calme à Légère brise	*Petite brise*	*Jolie brise*	*Bonne brise*	*Vent frais*	*Grand frais à Coup de vent*	*Fort coup de vent, tempête à ouragan*
Mer d'huile à vaguelettes	Petits moutons	Nombreux moutons	Vagues modérées, moutons, embruns	Lames, crêtes d'écume étendues	Lames déferlantes Les crêtes des vagues partent en tourbillon d'écume	Grosses à énormes vagues Lames déferlantes Visibilité réduite par les embruns

Théodore et Amandine, les petites bulles d'air

Le soleil brille, une légère brise souffle et les montagnes se reflètent dans la mer. Deux petites bulles d'air, Théodore et Amandine, se promènent en suspension au-dessus de l'océan, entre les oiseaux et les nuages.

– Bonjour monsieur le goéland argenté, que faites-vous là si concentré ? demande Théodore.

– J'observe la mer à l'affût de mon déjeuner, et vous ?

– Moi je flotte, répond tranquillement Théodore.

Soudain, les deux petites bulles d'air se sentent emportées.

– Que se passe-t-il ? Je n'arrête pas de monter ! s'exclame Amandine.

– Je ne sais pas ! Moi aussi je suis aspiré ! crie Théodore.

– Aaah regarde, la montagne… On va s'écraser !

– Mais non, rassure-toi Amandine ! Le vent suit les pentes. Il monte de ce côté de la montagne et descend de l'autre. Nous sommes pris dans ce courant ascendant !

– Oh Théodore, c'est magique !

– Quelle vitesse ! Viens, allons dans cette vallée !

Théodore et Amandine s'engouffrent entre deux pics rocheux. Pris par une forte accélération, ils ressortent tout ébouriffés derrière les falaises, riant aux éclats.

– Amandine, c'est fantastique, nous surfons avec le vent !

Les petites bulles d'air jouent toute l'après-midi sur les hauteurs du bord de mer. Amandine aime se faire chauffer sur un versant d'une colline au soleil, s'élever dans les airs puis faire des cabrioles en descendant sur l'autre versant, ou faire des rebonds sur la mer, tel un ricochet. Théodore aime surprendre les plaisanciers. Il prend son envol, se cache derrière une pointe rocheuse, et saute dans les voiles des bateaux pour les faire gîter. Ils aiment monter et descendre le long des reliefs, accélérer, ralentir, se cacher et se retrouver. Ils dansent jusqu'au coucher du soleil entre la mer et les falaises, emportant avec eux les mouettes et les goélands.

Le lendemain, les premiers nuages apparaissent sur le littoral.

– Regarde Théodore, on dirait un mouton !

Théodore tourne autour du nuage et donne des coups de tête dans les balles de coton.

– Hé non, dit-il c'est un dromadaire !

Mais les nuages ne se laissent pas domestiquer si facilement. À peine a-t-il fini sa phrase qu'Amandine lui réplique :

– Maintenant c'est un chameau !

– Oui. Ce nuage semble encore vouloir pousser : bientôt on verra un lapin avec deux grandes oreilles !

Les deux amis sculptent des nuages toute la matinée. Ils courent d'un nuage à l'autre pour leur donner des formes plus extraordinaires les unes que les autres. Puis ils les poussent où bon leur semble, ce qui agace les vacanciers qui veulent bronzer ou se baigner.

Théodore finit l'après-midi au soleil sur un plateau rocheux. Il se repose, il se détend. Il se sent de plus en plus léger. Il décolle doucement des rochers. Puis il a beaucoup trop chaud. Ses pieds lui brûlent. Alors il s'énerve, il s'emporte, il ne se contient plus… Il s'élance comme une fusée dans les airs, soulevant avec lui toutes les gouttelettes d'eau de la vallée. Un gros nuage se forme. Théodore est déchaîné. Il court dans tous les sens, de haut en bas et de droite à gauche. Des éclairs apparaissent. Un fabuleux orage éclate. Lorsqu'Amandine voit arriver une grosse masse dans le ciel, d'un bleu sombre zébré de lumière, elle ne reconnaît pas son ami.

– C'est toi, Théodore, la petite bulle d'air ?

Mais Théodore ne peut pas répondre. Il est hors de lui. Il projette de violentes rafales. Il déverse des torrents de pluie. Après d'effrayants grondements, il revient voir Amandine.

– Tu as vu comme je suis beau et fort !

– Stupéfiant ! Renversant ! Mais Théodore, comment as-tu fait pour aller si haut ? J'aimerais jouer très haut et très longtemps dans le ciel avec les fous de Bassan.

– Il suffit de se faire bronzer au soleil. Tu emmagasines de la chaleur et quand tu es plus chaud que ce qui t'entoure, tu montes. C'est simple !

– Alors je vais aller dans des pays chauds. On se retrouve ici dans quelques jours ?

Cap au sud ! Amandine survole de nouveaux continents, ventile des cultures qu'elle ne connaissait pas, pousse des voiles de bateaux qu'elle n'avait jamais vus. Elle découvre des sensations de chaleur inouïe. Elle se détend, se laisse aller, flâne au gré de sa curiosité. Elle aime la chaleur et en oublie l'objet de son voyage : s'élever le plus haut possible. Elle passe plusieurs jours à observer des tortues nager. Ces tortues suivent un courant d'eau chaude. Ce courant remonte vers le nord et alors qu'elle ne s'y attendait pas, Amandine se sent propulsée vers les hauteurs ! Elle se remémore les paroles de Théodore. Elle se dit : « depuis tout ce temps à vagabonder au soleil, j'ai fait le plein de chaleur, et là, sans le faire exprès, en suivant les tortues, je suis entrée dans une zone froide alors je m'élève ».

Amandine n'a pas le temps de réfléchir plus. Elle est prise dans une spirale montante qu'elle ne maîtrise pas. Elle plane dans les airs à toute vitesse. Quel ballet vertigineux ! Elle s'élève si haut et si vite que la mer ne paraît plus qu'une petite tache bleue. Quelle sensation incroyable ! Elle continue sa course échevelée au-dessus la mer et emporte avec elle les oiseaux, les bateaux et les poissons volants. C'est que, depuis son séjour sous les tropiques, elle aussi a beaucoup grandi. La petite bulle d'air est devenue une imposante masse d'air. Amandine, la belle dépression atmosphérique, se déploie sur l'océan.

Théodore est réveillé par une forte houle qui déferle sur les rochers. Il voit apparaître à l'horizon Amandine majestueuse, bondissant sur la mer, sa grande robe sans fin entraînant tout dans son tourbillon. Théodore est ébahi : « qu'elle est belle ! ». Lorsqu'il réussit enfin à arrêter Amandine, il lui tend les bras et lui dit :

– Amandine, tu es devenue une grande dame !

– Toi aussi Théodore, tu as changé, tu as pris de l'embonpoint me semble-t-il. Que t'est-il arrivé ?

– Une expérience prodigieuse ! Tu aimes monter, moi j'aime descendre. Descendre à toute vitesse, j'aime ça ! Tu te souviens quand on dévalait les montagnes après une nuit bien fraîche ? Pour cela il fallait être lourd et froid.

Alors contrairement à toi, j'ai cherché du froid. J'ai fait un long séjour très haut dans le ciel, tout proche des étoiles.

– Cela devait être féérique !

– Merveilleux. Mais je me suis gelé ! J'avais l'impression d'être un bloc de glace. Alors avant d'être paralysé par le froid, j'ai choisi une région bien chaude pour descendre.

– Et que s'est-il passé ?

– Une hallucinante chute libre ! Mais je n'ai pas vu le sol arriver et je me suis cogné la tête. J'étais sonné. Je n'ai plus bougé pendant quelques instants, puis j'ai continué ma cavalcade sur la mer. C'était le moment le plus sensationnel. Il faisait beau et je poussais toutes les voiles que je voyais.

– Bravo ! Alors c'est comme ça que tu es devenu un grand anticyclone.

– Tu sais Amandine, à nous deux on pourrait faire de grandes choses !

– Oui, j'ai plein d'idées pour de nouvelles expériences.

LES NUAGES

Y A-T-IL DE L'EAU DANS L'AIR ?

EXPÉRIENCE

Mets un glaçon dans un bol. Puis laisse ce bol toute la journée au soleil, en surveillant régulièrement ce qu'il se passe.

Qu'observes-tu et que comprends-tu ?

- Dans un premier temps le glaçon fond. Il disparaît… Et tu trouves de l'eau à sa place dans le bol. Sous l'effet de la chaleur le glaçon est devenu liquide.
- Puis l'eau semble disparaître à son tour. Elle s'évapore. Elle se transforme en gaz invisible et se mélange à l'air. Ainsi, elle existe toujours dans l'air mais on ne la voit plus.

Explications

Ce qu'on appelle couramment l'eau a l'aspect liquide. Et pourtant l'eau peut prendre trois formes différentes !

- L'état solide : c'est la glace.
- L'état liquide : c'est l'eau que l'on a l'habitude de voir.
- L'état gazeux : c'est la vapeur d'eau.

À SAVOIR

L'ÉVAPORATION

L'évaporation est le passage progressif de l'état liquide à l'état gazeux.
De l'eau qui s'évapore se transforme en vapeur d'eau.

Ce sont les changements de température qui font passer l'eau d'un état à un autre. C'est le cas de ton glaçon.

- Il était solide.
- Sous l'effet de la chaleur du soleil il est devenu liquide.
- Puis quand le soleil a réchauffé l'eau à l'état liquide, elle s'est transformée en vapeur d'eau, la vapeur d'eau étant un gaz invisible.

Tu l'as déjà observé

Pour faire sécher un vêtement mouillé, tu le mets au soleil : l'eau se transforme en vapeur sous l'effet de la chaleur, et se disperse dans l'air qui l'entoure. Elle s'échappe ainsi de ton vêtement.

C'est pourquoi l'air peut contenir de l'eau sous forme de vapeur.

Mais est-ce que l'air contient toujours de l'eau ?

La réponse est oui : **l'air contient toujours une part d'humidité**, c'est-à-dire d'eau. Cependant, lorsqu'elle est sous la forme de vapeur d'eau, on ne la voit pas.

À SAVOIR

Y A-T-IL DE L'EAU DANS L'AIR DU DÉSERT ?

Oui, même dans le désert, l'air contient une part de vapeur d'eau. Même si tu imagines bien qu'elle est moins importante que sur la mer !

COMMENT LA VAPEUR D'EAU REPASSE-T-ELLE À L'ÉTAT LIQUIDE, ET COMMENT SE TRANSFORME-T-ELLE EN GOUTTELETTES ?

On a vu que l'eau sous l'effet de la chaleur passe de l'état liquide à l'état de vapeur. Voyons maintenant comment se passe le processus inverse. Comment la vapeur peut-elle se transformer progressivement en gouttelettes d'eau ?

PREMIÈRE EXPÉRIENCE

Souffle sur une vitre froide ou un hublot froid.

DEUXIÈME EXPÉRIENCE

Avec l'aide d'un adulte fais bouillir de l'eau et place au-dessus de la casserole un miroir, ou une cuillère en métal.

Qu'observes-tu ?

De la fumée s'élève au-dessus de l'eau qui bout. C'est l'eau (à l'état liquide) de la casserole qui se transforme en vapeur sous l'effet de la chaleur. Puis observe la cuillère ou le miroir. Des gouttelettes apparaissent à sa surface. Cette fois, la vapeur d'eau se transforme en gouttelettes lorsqu'elle se refroidit au contact de l'objet. L'eau redevient liquide !
De même lorsque tu as soufflé sur un hublot ou une vitre froide, l'air chaud et humide qui sortait de ta bouche a rencontré une surface plus froide. Il s'est refroidi, des gouttelettes sont apparues.

Explications

Sous l'effet de la chaleur, l'eau passe de l'état solide à l'état liquide puis à l'état gazeux (voir l'expérience du glaçon qui fond au soleil).
Lorsqu'on la refroidit, elle suit le même chemin mais dans le sens inverse : elle passe de l'état de vapeur à l'état liquide puis à l'état solide.

Tu l'as déjà observé

Pour faire de la glace, tu as l'habitude de mettre de l'eau dans un récipient au congélateur. Sous l'effet du froid, l'eau se solidifie.

C'est le même principe, qui fait que l'eau passe de l'état de vapeur à l'état liquide : sous l'effet du froid, la vapeur d'eau se transforme en gouttelettes, elle se **condense**.
C'est pourquoi dans tes expériences précédentes, des gouttelettes apparaissent sur le hublot et sur la cuillère. L'air qui sort de la casserole est chaud et humide. La cuillère est plus froide. Alors lorsque cet air chaud et humide arrive sur la cuillère, il se refroidit. Puis en se refroidissant, la vapeur d'eau se condense. De même l'air chaud et humide qui sort de ta bouche se refroidit au contact d'un hublot froid et il se condense.

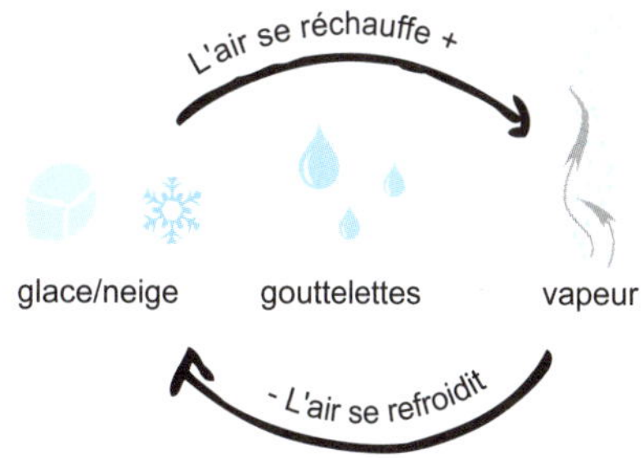

À SAVOIR

LA CONDENSATION

La condensation est le passage de l'état de vapeur à l'état solide ou liquide. Sous l'effet du froid, la vapeur d'eau devient liquide (elle se transforme en gouttelettes d'eau) puis si le froid s'intensifie elle devient solide (elle se transforme en neige, voire en glace).

Le matin, tu es parfois réveillé par de petites gouttelettes qui tombent du plafond de ta cabine. La journée, l'air qui est dans le bateau est plutôt chaud et humide. Mais la nuit, cet air se refroidit. Alors il se condense. Cela provoque des petites gouttes qui tombent délicatement sur ton nez au petit matin.

COMMENT SE FORMENT LES NUAGES ?

Les nuages peuvent avoir plusieurs causes.
Mais dans la majeure partie des cas, ils se forment lorsque de l'air s'élève.
Pourquoi ?

① Au départ il faut de l'air qui s'élève.
② Lorsque l'air s'élève, il se refroidit.
Sous l'effet du froid, la vapeur d'eau contenue dans l'air se condense. Elle se transforme en fines gouttelettes. L'ensemble de ces fines gouttelettes d'eau en suspension dans l'air forme un nuage.
③ Les gouttelettes deviennent de plus en plus nombreuses, le nuage grossit et devient plus sombre.
④ Lorsque les gouttelettes sont trop nombreuses, elles s'amalgament et forment des gouttelettes de plus en plus grosses. Les gouttelettes de plus en plus lourdes finissent par tomber : il pleut.

À SAVOIR

FORMATION D'UN NUAGE

Un nuage est formé d'un ensemble de gouttelettes d'eau en suspension dans l'air.

Donc quand l'air s'élève, il se refroidit, en se refroidissant il se condense, des gouttelettes d'eau de plus en plus nombreuses apparaissent et un nuage se forme.

Voyons maintenant les situations où l'air s'élève.

COMMENT S'ÉLÈVE L'AIR QUI FORME LES NUAGES ?

Qu'est-ce qui peut pousser l'air à monter
et donc à créer des nuages ?
Voici les principales situations.

Imagine de l'air qui arrive sur une montagne… Il n'a pas d'autre choix que de monter le long de la montagne et donc de s'élever. C'est pour cela que l'on voit souvent des **nuages accrochés aux sommets des montagnes.**

Des nuages apparaissent aussi lorsqu'il fait beau le matin. Quand le soleil chauffe le sol, le sol réchauffe à son tour l'air à son contact. Or, on a vu au chapitre précédent que l'air chaud monte. Alors l'air chaud proche du sol monte. En s'élevant il se refroidit, se condense et forme un nuage. C'est pour cela que l'été, on voit apparaître des petits **nuages de beau temps** sur la côte. Ils sont souvent annonciateurs de brise thermique. (Voir page 36.)

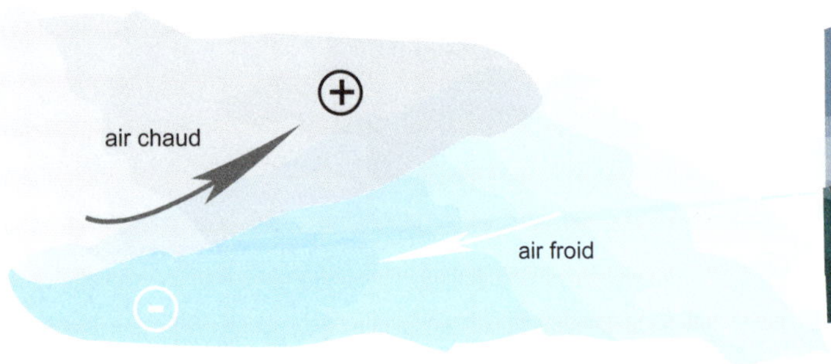

Une autre situation provoque un soulèvement d'air et des nuages sur des étendues beaucoup plus vastes. C'est lorsqu'une masse d'air chaude rencontre une masse d'air plus froide. Comme on l'a vu précédemment, l'air froid plus lourd reste au sol et l'air chaud plus léger monte au-dessus. C'est pour cela qu'**il y a beaucoup de nuages dans les dépressions** où s'affrontent des masses d'air chaudes et froides.

Enfin des nuages se forment aussi parfois alors que l'air ne s'élève pas. Ce sont les nuages au sol qu'on appelle **le brouillard**. Le brouillard est bien sûr très gênant pour la navigation ! Voyons quand il se forme.
Il suffit que le sol (la terre ou la mer) se refroidisse. Alors le sol refroidit l'air qui est à son contact. Cet air, en se refroidissant, se condense et crée un nuage au ras du sol : du brouillard.

- C'est le cas du brouillard qui se forme en fin de nuit lorsque le sol a été bien refroidi par une nuit fraîche. Ce brouillard a surtout lieu sur la terre mais il peut déborder en mer.
- C'est aussi le cas du brouillard dans les zones à fort courant marin. Les forts courants font remonter les eaux froides. Les eaux froides arrivent en surface et refroidissent à leur tour l'air au ras de l'eau. Ce brouillard peut avoir lieu en plein été.
- Mais le brouillard le plus fréquent en mer a lieu l'hiver. Il se forme lorsque de l'air doux et humide arrive d'une région plus chaude (en général du sud-ouest) sur nos côtes où l'eau est bien froidie par l'hiver. Ce brouillard est en général dense et peut durer !

QUELLES SONT LES DEUX GRANDES FORMES DE NUAGE ?

► ***Qu'est-ce que ça veut dire ?***
Bourgeonner : un nuage qui bourgeonne semble avoir des balles de coton qui poussent vers le ciel. Avec un peu de patience, tu peux le voir grossir à vue d'œil !

Nuage qui bourgeonne.

Il y a beaucoup de nuages différents. Mais tu peux déjà facilement identifier les deux grandes familles de nuages : les « stratiformes » et les « cumuliformes ».

• **Les stratiformes se développent horizontalement.** Ils s'étalent dans le ciel, ils sont peu épais et ils ont des contours flous. Lorsque tu es dessous, tu as du mal à voir où ils commencent et où ils finissent.

• **Les cumuliformes se développent verticalement.** Leur épaisseur peut atteindre 10 km, c'est-à-dire qu'ils peuvent monter jusqu'à 10 km de hauteur. Leur contour est net. Ils bourgeonnent. Ils ressemblent à des moutons ou à des choux-fleurs. Tu vois du ciel bleu entre ces nuages.

Stratiforme.

Cumuliforme.

OBSERVE LES NUAGES

Identifie si les nuages sont plutôt cumiliformes ou stratiformes. Tu pourras prévoir si le temps va être très variable ou peu variable.

air instable

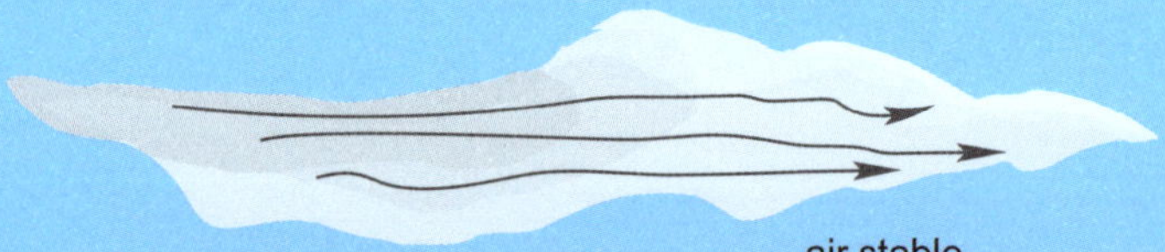

air stable

- Les nuages stratiformes indiquent une certaine stabilité. L'air est peu perturbé. Le temps ne va pas changer rapidement et le vent est relativement régulier.

- Les nuages cumuliformes indiquent une certaine instabilité. L'air est perturbé. Le temps peut varier rapidement. Dans ces nuages, le vent monte et descend. Il souffle en **rafales**. Plus ce type de nuage a d'extension verticale, c'est-à-dire plus il est épais, plus ce phénomène est important et plus on peut s'attendre à de fortes rafales. **Les nuages cumuliformes sont des nuages à bien surveiller !**

À QUELLE ALTITUDE ÉVOLUENT LES NUAGES ?

Après avoir identifié la forme des nuages, il te faut évaluer leur altitude.

POURQUOI ÉVALUER L'ALTITUDE ?

Car les nuages bas vont te renseigner sur le temps qu'il va faire dans le prochain quart d'heure, voire la prochaine heure. Les nuages d'altitude vont te renseigner sur le temps qu'il va faire dans les prochaines heures voire le lendemain.

Mais c'est difficile !
Il faudrait une échelle de 10 km pour monter dans les nuages, ou peut-être as-tu une autre idée…

En attendant le plus simple reste d'utiliser tes yeux et de t'exercer à reconnaître les nuages, tu verras que tu te tromperas de moins en moins.

Pour faire simple, on distingue 3 grands étages :

- étage bas : du sol à 2 km de hauteur,
- étage moyen : de 2 km à 6 km,
- étage haut : de 6 km à environ 10 km.

OBSERVER LES NUAGES

Regarde à nouveau les nuages. Essaie de voir s'ils te paraissent plutôt bas, hauts, ou entre les deux. Ce n'est pas facile mais progressivement tu vas t'habituer à reconnaître leur hauteur. Tu pourras alors prévoir si le temps va changer rapidement ou non.

COMMENT NOMME-T-ON LES NUAGES ?

Les nuages sont très nombreux et ont parfois des noms savants. Mais voici un petit secret pour t'y retrouver.

La forme du nuage donne la fin de son nom.

- Le nom d'un nuage stratiforme se termine toujours par « -**stratus** ».
- Le nom d'un nuage cumiliforme se termine toujours par «-**cumulus** ».

L'altitude du nuage donne le début du nom.

- À l'étage supérieur, le nom des nuages commence par « **cirro-** ».
- À l'étage moyen, le nom des nuages commence par « **alto-** ».

Les nuages de l'étage bas n'ont pas de début de nom pour indiquer leur altitude.

Donc, par exemple, un stratiforme de l'étage supérieur s'appelle un cirrostratus. Alors qu'un cumuliforme de l'étage moyen s'appelle un altocumulus. Les stratiformes de l'étage bas s'appellent des stratus.

Tu peux ainsi composer le nom des principaux nuages.

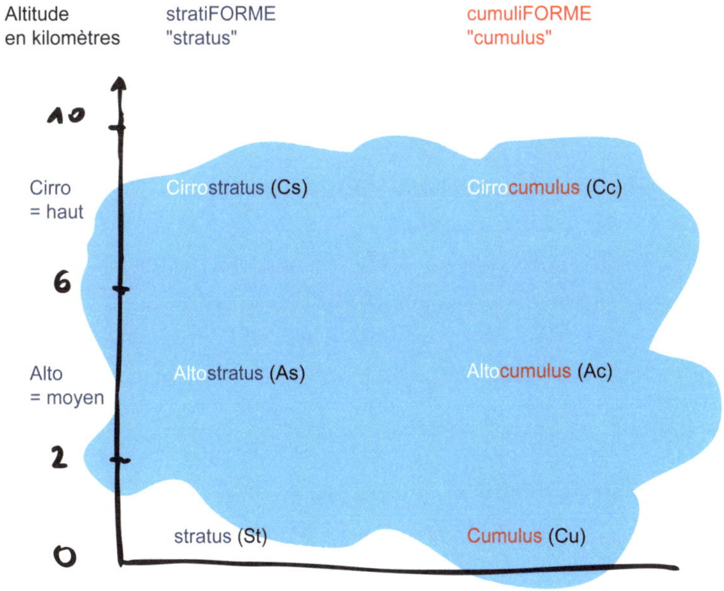

Alors tu vois, ce n'est pas si compliqué ! Maintenant, essaie de les reconnaître…

LES STRATIFORMES

Les cirrostratus (Cs) *
Les plus hauts des stratiformes.
- Voile élevé, transparent et blanchâtre.
- Caractéristique : **halo** autour du soleil ou de la lune.
- Pas de précipitations.

Les altostratus (As)
Les stratiformes de l'étage moyen.
- Couche grisâtre.
- Caractéristique : laissent **voir le soleil comme à travers un verre dépoli** (impression de voir le soleil derrière une vitre).
- Précipitations possibles : pluie, neige, grêle.

Les stratus (St)
Les stratiformes de l'étage bas.
- Couche basse grise uniforme.
- **Brouillards.**
- Précipitations possibles: bruine, voire neige.

** Les cirrostratus annoncent généralement une perturbation, notamment s'ils sont suivis d'altostratus. Ce sont donc deux nuages qu'il te faut repérer. S'ils se succèdent, le temps va probablement se dégrader dans les prochaines heures et le vent va probablement se renforcer.*

LES CUMULIFORMES

Les cirrocumulus (Cc)

Les plus hauts des cumuliformes.

- Nappe de nuages élevés.
- Petits nuages en forme de granule.
- Pas de précipitations.

Les altocumulus (Ac)

Les cumuliformes de l'étage moyen.

- Nappe de nuages.
- Petits nuages réguliers blancs ou gris, un peu plus gros que les cirrocumulus.

Les cumulus (Cu)

Les cumuliformes de l'étage bas.

- Nuages séparés, contours bien délimités, forme de chou-fleur.
- Extension verticale (= épaisseur) plus ou moins importante (jusqu'à 10 km pour le cumulonimbus).
- Plus l'extension verticale est importante, plus ils génèrent de fortes rafales.
- Précipitations possibles quand ils sont épais : pluie, neige, grêle.

DU CUMULUS AU CUMULONIMBUS

Les cumulus se développent verticalement. Mais la hauteur de ce développement vertical peut être très variable. Un petit cumulus qui ne se développe pas très haut a peu d'incidence sur la navigation.
Par contre dès que tu repères un cumulus qui se développe fortement vers le ciel, tu peux t'attendre à un vent changeant avec des rafales. S'il présente un aspect bourgeonnant ou « chou-fleur », cela signifie qu'il est très actif et qu'il faut s'en méfier.

Le plus gros des cumuliformes est le **cumulonimbus (Cb)**. C'est le seul nuage à traverser tous les étages. Il se développe de l'étage bas à l'étage haut. C'est donc le plus épais. **Il peut s'avérer très dangereux**.
Il génère en général de **fortes averses et de violentes rafales**. Il peut même engendrer des averses de grêle en plein été ! C'est aussi dans ces nuages qu'éclatent les orages. Tu le repères à sa masse sombre en bas et à son enclume blanche en haut.

Cumulus humilis

- Petit Cu de beau temps.
- Pas de précipitation.

Cumulus congestus

- Puissants mouvements verticaux.
- Pluie ou neige possible.
- Peuvent se transformer rapidement en Cb.

Cumulonimbus (Cb)

- Développement vertical maximal (épaisseur = 10 km).
- Caractéristique : sa forme d'**enclume**.
- Pluie, neige, grêle, vents violents, orage possible.

LES AUTRES NUAGES

Les cirrus (Ci)* ❶

Nuages élevés.

- **Filaments blancs**, cheveux d'ange.
- Pas de précipitation.

Les nimbostratus (Ns) ** ❷

- Les **seuls stratiformes avec une extension verticale (ou épaisseur) significative.**
- Couvrent l'étage bas et moyen.
- Couche épaisse, grise et sombre.
- Contours flous.
- Précipitations quasi toujours associées : pluie forte ou neige, voire grêle.

Les stratocumulus (Sc) * ❸**

Nuages de basse couche.

- Mixe de nuages stratiformes et cumuliformes.
- Nappes de dalles ou galets.
- Précipitations possibles : pluie ou neige faible.

** Les cirrus se trouvent souvent à l'avant des perturbations, avant le cirrostratus. Si tu vois quelques cirrus dans le ciel, il n'y a pas nécessairement lieu de s'inquiéter. Mais si les cirrus envahissent le ciel et si un cirrostratus leur succède, tu peux prévoir du mauvais temps à venir. Si tu vois ensuite un altostratus, tu es sûr que le mauvais temps arrive.*

*** Le nimbostratus est moins dangereux que le cumulonimbus mais il peut générer des rafales plus ou moins violentes. Tu le reconnais à sa masse sombre et pluvieuse.*

****Les stratocumulus sont des nuages très fréquents. Ils n'indiquent pas de phénomène dangereux.*

SCHÉMA RÉCAPITULATIF

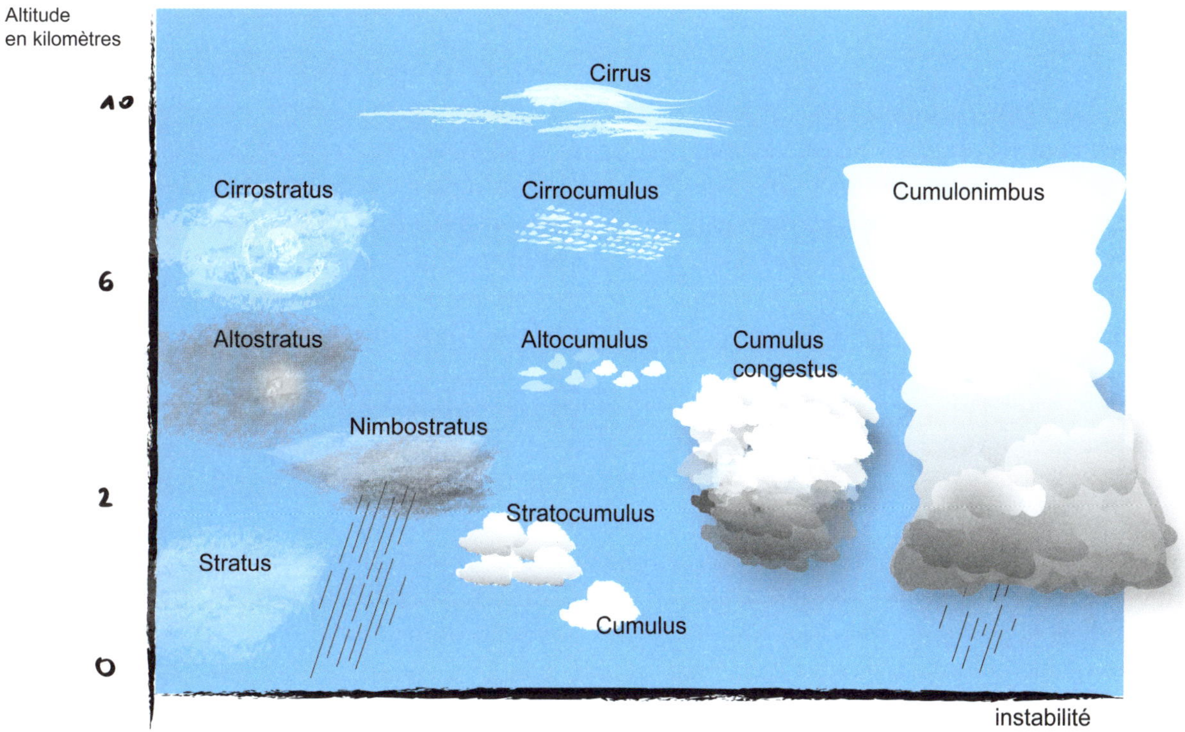

Observe les nuages

Tu connais maintenant les grandes familles de nuages.
Pour les identifier, il suffit de répondre aux questions ci-dessous.

1. Quelle est sa forme (cumuliforme ou stratiforme) ?
2. Est-il plutôt bas, haut, ou entre les deux ?
3. Est-il épais et sombre ?

Exerce-toi à nommer tous les nuages que tu vois. Ce n'est pas toujours facile ! Mais tu vas vite progresser.

L'intérêt de reconnaître les nuages est bien sûr de prévoir le temps qu'il va faire…

QUELLE VA ÊTRE LA MÉTÉO ?

Tu as vu dans le chapitre précédent comment prévoir le vent pour ta navigation. Or, l'arrivée d'un nuage peut venir perturber tes prévisions. Car tout nuage provoque un changement de temps plus ou moins important et plus ou moins rapide. Voici les éléments qu'il te faut anticiper.

- **Tous les nuages provoquent un changement de température.**
  - Le jour, les nuages empêchent le soleil de nous réchauffer. Il fait plus froid. Donc si tu vois une masse nuageuse arriver, tu peux sortir ta polaire.
  - La nuit, les nuages créent un couvercle qui empêche la terre de perdre sa chaleur. À l'inverse de la journée, il fait donc plus chaud la nuit avec des nuages. Et il fait plus froid lorsqu'il n'y a pas de nuages. As-tu remarqué que les belles nuits étoilées sont les plus fraîches ? Donc s'il n'y a pas de nuages prévus pour la nuit, prépare un bon équipement pour ton quart de nuit.

- **Certains nuages engendrent de la pluie.**
  Plus les nuages sont gris, plus ils sont gorgés d'eau, c'est-à-dire plus il y a de chances qu'il pleuve dessous. Si tu vois un gros nuage sombre arriver à l'horizon tu peux sortir les cirés pour tout l'équipage !

- **Certains nuages engendrent des rafales.**
  Il s'agit principalement des nuages cumuliformes. Plus ils sont épais, plus ils génèrent de violentes rafales. **Surveille avec attention les cumulonimbus et tous les gros cumulus !** Ils peuvent engendrer des rafales à plus de 40 nds alors que souffle une petite brise de 10 nds. Ces variations sont très rapides : moins de 20 minutes. Quand tu vois un cumulonimbus arriver, l'équipage a tout juste le temps de réduire la voilure du bateau, d'amarrer ce qui peut s'envoler et de sortir les cirés.

- **Certains nuages annoncent du mauvais temps à venir.**
  Lorsque le ciel est envahi par des cirrus puis par un cirrostratus, on peut s'attendre à l'arrivée d'une dépression et de son mauvais temps dans la journée ou le lendemain.
  La pluie s'intensifie au fil des heures, et le vent forcit. Il est alors impératif de s'informer des prévisions météo. Il faudra probablement rejoindre un abri.

Les nuages changent vite et c'est très amusant de les observer.
Ils te permettent aussi d'affiner tes prévisions météo.

JAMAIS PLUS SOIF

L'eau potable est une denrée rare à bord. Construis ton **dessalinisateur** pour transformer l'eau salée en eau douce.

Matériel nécessaire :

- 1 grand récipient ;
- 1 verre ;
- 1 film plastique transparent (film alimentaire, sac plastique) ;
- 1 grand élastique ou du ruban adhésif ;
- 1 petit caillou ou une bille ;
- de l'eau salée ;
- du soleil.

1 Remonte de l'eau de mer dans ton seau.

2 Verse 2 à 3 cm de hauteur d'eau salée dans le récipient.

3 Ferme hermétiquement le récipient à l'aide du film plastique.
Fixe le film au récipient avec un élastique ou du ruban adhésif.

4 Place le petit caillou sur le film plastique.
Expose le tout au soleil.
Cale bien ton installation pour qu'elle bouge le moins possible et attend de voir ce qu'il se passe...

Qu'observes-tu ?
Tu vas voir l'apparition progressive de gouttelettes d'eau sur le dessous du film plastique.
Ces gouttelettes tombent ensuite dans le verre en dessous.

Que se passe-t-il ?
Avec la chaleur du soleil, l'eau du grand récipient s'évapore tandis que le sel reste au fond.
Cette vapeur d'eau rencontre le film plastique qui est plus froid. Alors elle se condense et se transforme en gouttelettes.
Puis ces gouttelettes, sans sel, sont recueillies dans le verre.

TA COUETTE NUAGE

Qui n'a jamais rêvé de dormir dans les nuages ? Crée les motifs de ta couette "nuages" avec les motifs répétitifs que tu vas apprendre à réaliser. Choisis tes couleurs. Complète et invente la suite…

Voici les étapes : les motifs bleus sont à rajouter à chaque nouvelle fenêtre.

LA NAVIGATION

La mer est un espace de liberté formidable. Tu peux aller où tu veux quand tu veux, ou presque…

- **Peux-tu naviguer quand tu veux ?**

Tu as vu que certaines conditions météo sont dangereuses et qu'il vaut mieux les éviter. Mais tu as vu aussi qu'en observant bien et en prenant régulièrement la météo, tu peux anticiper ce qui va se passer. Tu peux alors choisir le moment où tu vas naviguer. Inversement, si tu n'anticipes pas la météo, non seulement tu risques de te retrouver dans des situations périlleuses, mais tu risques aussi d'être bloqué dans des endroits que tu n'as pas choisis.
Tu ne peux donc pas toujours naviguer quand tu veux. Mais plus tu anticipes la météo, plus tu as de chance de pouvoir le faire.

- **Peux-tu naviguer où tu veux ?**

La navigation permet de découvrir une infinité de lieux magiques mais attention ! Comme la météo, elle impose certaines contraintes. Tout d'abord ce n'est pas toujours simple de se repérer en mer et il ne faut pas se perdre. Ensuite il ne faut pas échouer le bateau sur des rochers : il faut anticiper les zones dangereuses. Plus tu seras rigoureux dans ta navigation, plus tu pourras aller dans des endroits difficiles d'accès et plus ton espace de liberté va s'agrandir !

- **Comment se repérer en mer ? Comment ne pas se perdre et éviter les dangers ?**

En fait, il « suffit » d'être rigoureux, c'est-à-dire de faire les choses dans l'ordre et d'être précis. Cela en vaut la peine puisque cela va te permettre d'aller presque où tu veux. C'est aussi très amusant. Voici un petit guide pour explorer un maximum de lieux...

REMPLIR LE LIVRE DE BORD

La navigation est un film qui se déroule plus ou moins vite.

- Plus ton bateau va vite, plus il te sera difficile de suivre la navigation.
- Plus il y a de rochers, plus il te sera difficile de les identifier rapidement.

Pour que cela ne devienne pas difficile, il suffit de **ne pas perdre le fil**, c'est-à-dire de noter régulièrement où tu es. L'erreur à ne pas commettre est de se préoccuper de sa position quand il est trop tard… C'est pourquoi **ton livre de bord est très précieux** (voir page 128). Il faut le remplir toutes les heures pour ne rien oublier. On a vu au chapitre sur le vent l'intérêt de marquer tous les changements météo. De même, inscris tous les évènements qui concernent ta navigation : ce que tu observes, le passage d'une bouée, d'une île, les changements de cap de ton bateau… Note régulièrement où se trouve ton bateau.

Par exemple, il fait beau, le vent souffle à 10 nds, je sais que je suis globalement devant telle île. Mais des nuages arrivent et le vent forcit. Le bateau va plus vite. En plus, sous les nuages le ciel s'assombrit et je distingue moins bien la côte.

Si je ne sais pas exactement où je suis avant que les conditions se dégradent, je peux vite être dépassé. Par contre, si j'ai noté précisément et régulièrement les positions successives du bateau dans le livre de bord, je peux continuer à suivre le film même lorsqu'il s'accélère. Je sais en permanence où je suis.

OBSERVER LE PAYSAGE

Chaque côte a un aspect spécifique. Tu peux y distinguer des plages de sable, des rochers, des falaises, des plages de galets, des vasières, des estuaires, des montagnes au loin…
Les côtes sont souvent magnifiques à regarder depuis la mer. Leurs spécificités permettent aussi de se repérer.
Observe tous les changements du paysage : une petite île, des rochers plus gros, une petite crique au loin, une forêt de pins…

Note tout ce qui te paraît remarquable : un clocher, une colline, une pointe… C'est le meilleur moyen de suivre ta navigation.

EXERCE-TOI À DESSINER UNE CÔTE

Ce qui est plus loin apparaît plus clair, ce qui est plus foncé est ce qui est plus proche.

PRENDRE LES INFORMATIONS SUR LA CARTE MARINE

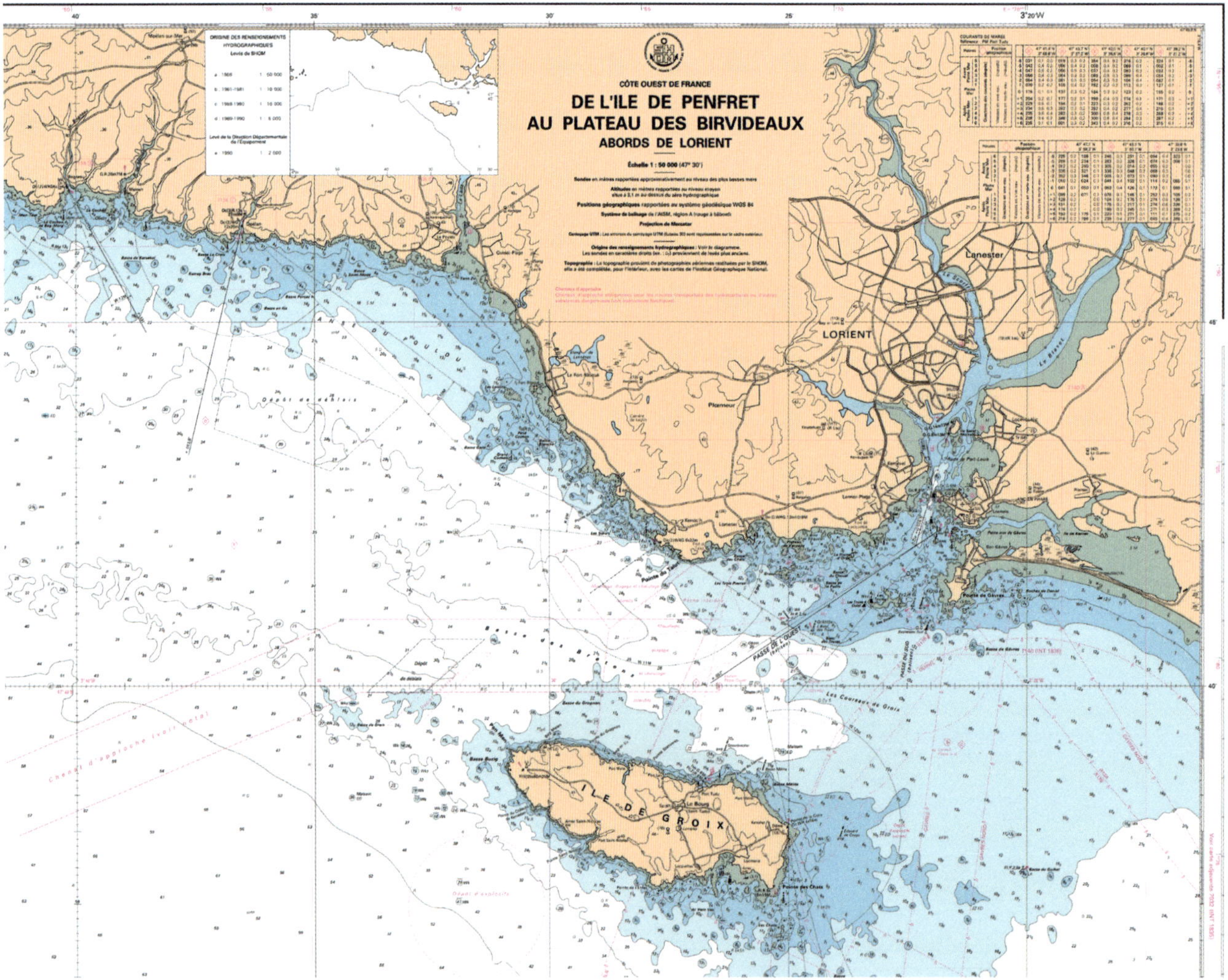

D'après la carte du SHOM n° 7031. Ne pas utiliser pour la navigation.

ORIENTE LA CARTE

Sur la carte, le nord est en haut, l'est à droite, le sud en bas et l'ouest à gauche. Ce sont les 4 points cardinaux.

Mais sur ton bateau, le nord n'est pas toujours devant toi…

Il y a donc deux solutions pour te repérer.

- Soit tu regardes où se trouve le nord avec un compas ou une boussole et tu t'installes face au nord. Alors ce que tu vois devant toi est au nord, ce qui est à ta droite est à l'est, ce qui est à ta gauche est à l'ouest, et ce qui est derrière toi est au sud, comme sur la carte.
- Soit tu orientes la carte face au paysage que tu vois.

Pour cela, tu repères quelque chose sur la carte que tu as identifié avec certitude depuis ton bateau (un port, un phare, une plage…). Ensuite tu tournes la carte afin de mettre face à toi ce que tu observes dehors. Alors ce que tu vois dehors et ce que tu vois sur la carte sont ordonnés dans le même sens et tu peux faire le lien entre les deux.

Maintenant que tu sais te repérer sur la carte, regarde toutes les informations que te donne une carte marine.

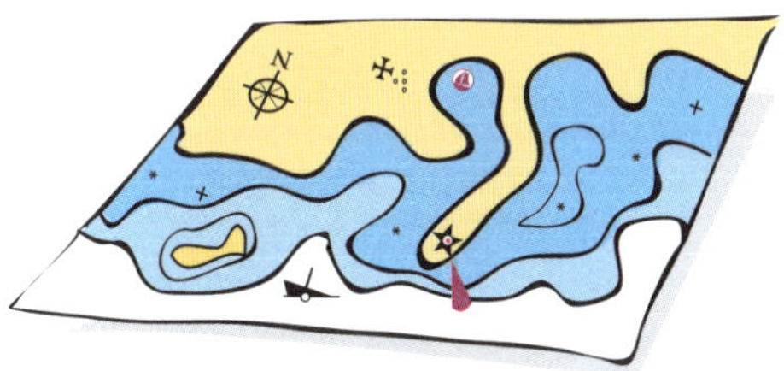

LES COULEURS INDIQUENT LES DIFFÉRENTES HAUTEURS D'EAU.

La terre
Ce qui est toujours au-dessus de la mer quelle que soit la marée.

L'estran
Ce qui est parfois sous l'eau, parfois au-dessus de l'eau, suivant la marée.

Mer de faible profondeur

Mer de grande profondeur

Mer de très grande profondeur

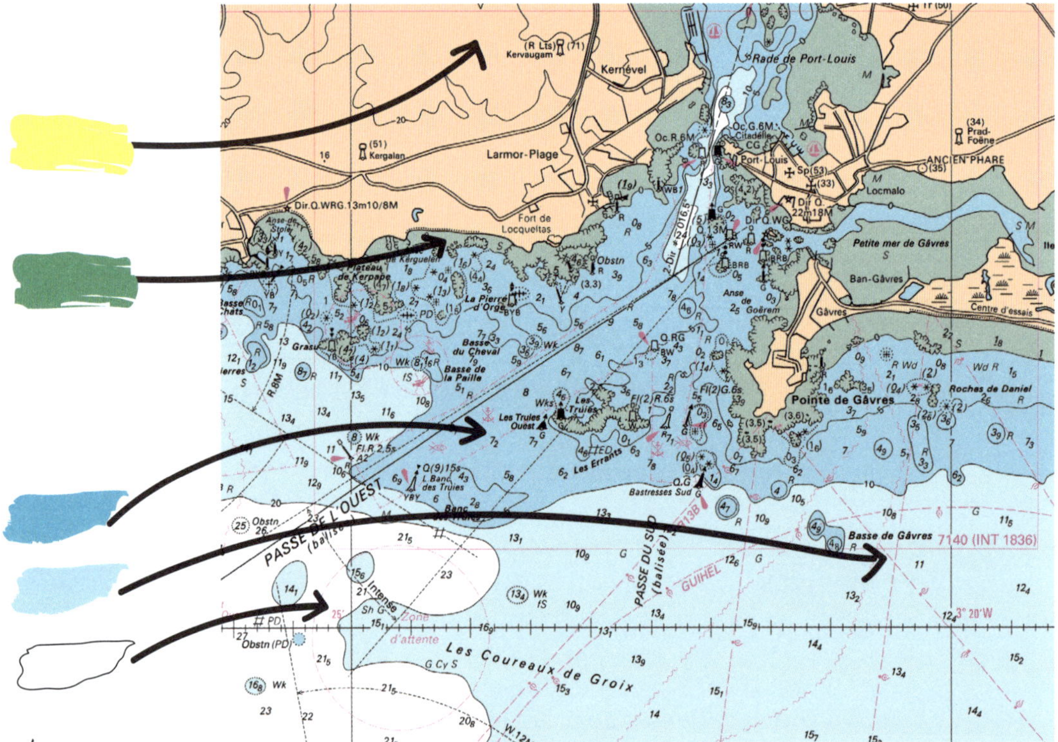

D'après la carte du SHOM n° 7031. Ne pas utiliser pour la navigation.

Pour lire les hauteurs d'eau, reporte-toi au chapitre sur la mer. Ces informations sont fondamentales. Elles vont te permettre de **connaître les zones où tu peux naviguer sans risque d'échouer le bateau**.

DIFFÉRENTS SYMBOLES EXPLIQUÉS DANS LE CARTOUCHE DES CARTES REPRÉSENTENT LES TYPES DE PAYSAGE

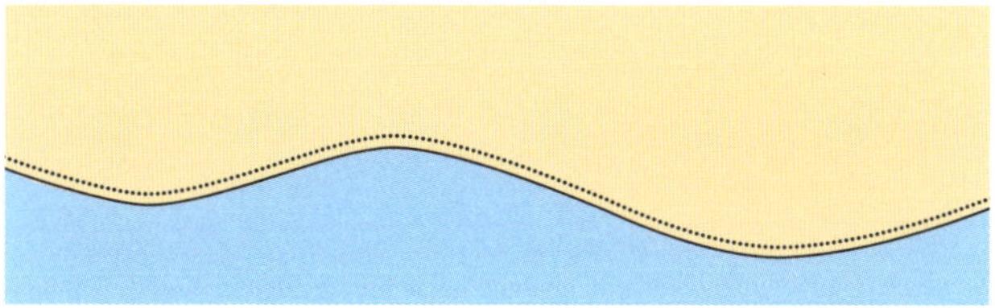

Rivage de sable.

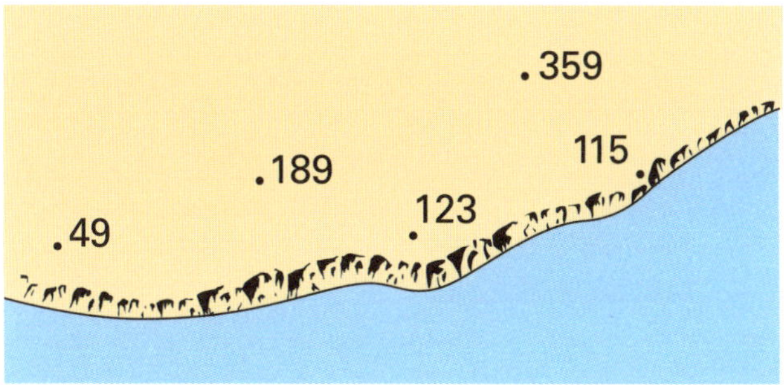

Relief sur la terre.

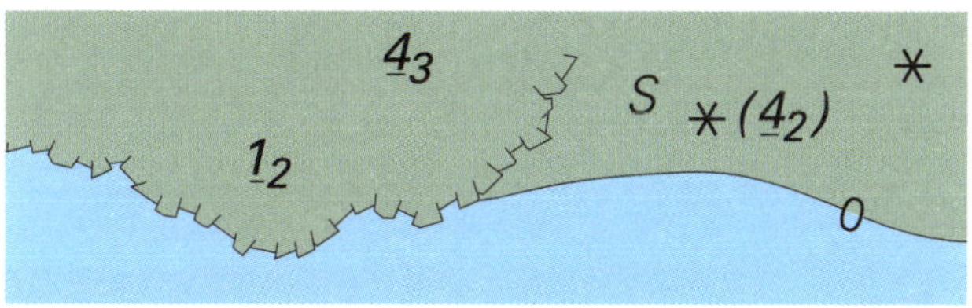

Zone rocheuse qui couvre et découvre.

LES AMERS INDIQUÉS SUR LA CARTE SONT DES POINTS FACILEMENT REPÉRABLES SUR LA CÔTE

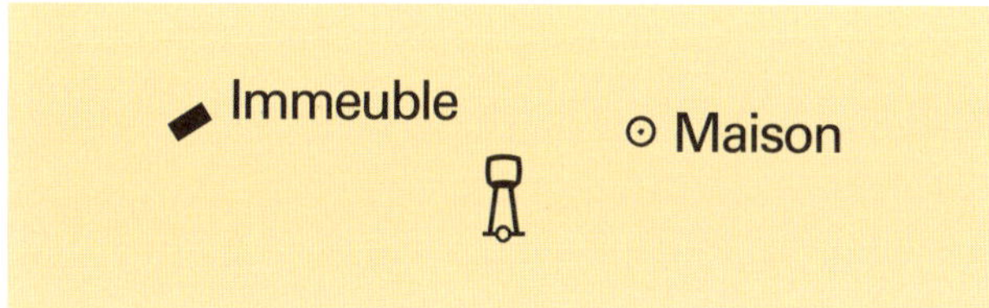

Exemples d'amers : immeuble, maison, château d'eau.

Église, cathédrale.

Les cartes marines indiquent aussi le système de balisage.

Extraits de l'ouvrage 1D du SHOM, Symboles, abréviations et termes utilisés sur les cartes marines.

REPÉRER LE BALISAGE SUR LA CARTE ET EN MER

Tu as vu qu'il existe des phares, des bouées, des tourelles de différentes formes et de différentes couleurs. Tout ce dispositif constitue le balisage. Il a été installé en mer pour guider (baliser) la navigation et éviter les dangers.
Les balises sont fixes (tourelle, perche) ou flottantes (bouées). Tu peux les identifier depuis ton bateau et les repérer sur la carte marine.

- **Les balises latérales** marquent un chenal pour entrer dans un port. Un chenal est un chemin où il y a suffisamment de hauteur d'eau pour naviguer sans s'échouer.
  Les balises rouges sont en forme de cylindre et les vertes sont en forme de cône.

- **Les balises cardinales** sont placées autour d'un obstacle pour délimiter une zone dangereuse où le bateau pourrait s'échouer (rocher, haut-fond, épave…). Elles sont jaunes et noires, et sont surmontées de deux cônes noirs, disposés de différentes façons.

- Cardinale nord
  - 2 pointes vers le haut (vers le nord).
  - Couleur : jaune en bas et noire en haut.

  → **Quand tu vois une cardinale nord, passe au nord !**

- Cardinale est
  - Ses pointes forment un E (pour Est).
  - Couleur : noire en bas, jaune au milieu et noire en haut.

  → **Quand tu vois une cardinale est, passe à l'est !**

- Cardinale sud
  - 2 pointes vers le bas (vers le sud).
  - Couleur : noire en bas et jaune en haut.

  → **Quand tu vois une cardinale sud, passe au sud !**

- Cardinale ouest
  - Ses pointes forment un W de côté (pour West).
  - Couleur : jaune en bas, noire au milieu et jaune en haut.

  → **Quand tu vois une cardinale ouest, passe à l'ouest !**

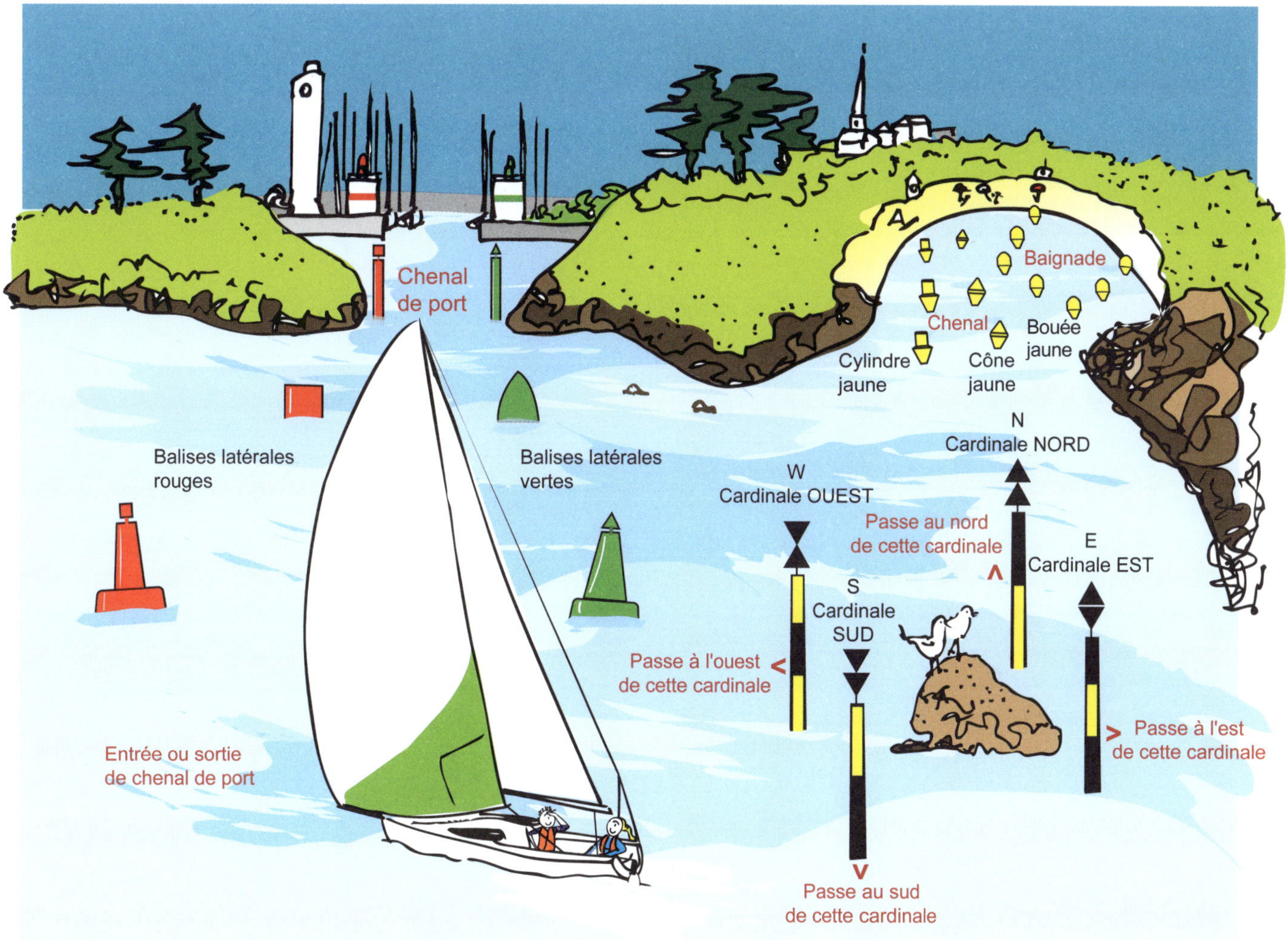

En entrant dans un port, il faut laisser les balises rouges à gauche et les vertes à droite. Attention, en sortant du port c'est l'inverse !

Les balises cardinales indiquent vers où passer pour contourner un danger (que tu vois ou ne vois pas).

FAIRE LE LIEN ENTRE LE PAYSAGE ET LA CARTE

C'EST LA CLEF DE LA NAVIGATION

Il faut faire le lien entre d'une part ce qu'on observe sur la mer et la côte, et d'autre part les indications qu'on lit sur la carte. Le plus sûr est de partir d'un point que l'on a bien identifié à la fois sur la mer ou sur la côte et à la fois sur la carte, par exemple le phare du port dont on vient de sortir. Puis à partir de ce point on balaie le paysage d'un côté puis de l'autre. Par exemple à droite du phare je vois un clocher puis encore à droite une plage puis une île que j'identifie successivement sur la carte. Lorsqu'ensuite je me rapproche de cette plage, je sais de quelle plage il s'agit et je peux éviter les rochers indiqués sur la carte pour y accéder.

► ***Qu'est-ce que ça veut dire ?***
Balayer le paysage : à partir d'un point précis et bien identifié, tu regardes successivement à droite puis à gauche tous les points remarquables dans le paysage.

EXERCE-TOI !

Faire le lien entre la carte et le paysage est un jeu très amusant mais difficile quand le bateau avance vite. Il est préférable de commencer quand le bateau est à l'arrêt. Identifie dans le paysage tout ce qui te paraît remarquable (un phare, une grande plage, une île…) et essaie de retrouver ces points sur la carte. Inversement regarde les diverses indications données par la carte et essaie de les retrouver dans le paysage. Faire le lien entre le paysage et la carte te permet de savoir en permanence où se trouve ton bateau. Cela évite de te perdre, ce qui est essentiel ! Cela va aussi te permettre d'aller encore plus loin.

JOUE AVEC UN ÉQUIPIER

Tu peux faire ce jeu quand le bateau est à l'arrêt ou en navigation. Ton équipier regarde la carte à l'intérieur du bateau pendant que tu observes le paysage dehors. Ton équipier n'a pas le droit de regarder dehors et toi tu n'as pas le droit de regarder la carte. Chacun décrit à l'autre ce qu'il voit. Tu lui dis ce que tu vois (un clocher, une rivière, une crique…) et il doit le retrouver sur la carte. Puis il te dit ce qu'il identifie sur la carte (une plage, un phare, une bouée…) et tu dois le repérer dans le paysage. Chacun donne à l'autre les indications les plus précises possible pour le guider : à droite du phare, derrière la petite île, au sud de la plage… Plus le paysage est varié, plus ce jeu est difficile et amusant.

PRÉPARER SA NAVIGATION

Une fois que tu sais où tu es, il faut savoir où tu vas et par quel chemin.

- Repère ta destination sur la carte.
- Regarde s'il y a des dangers à contourner pour y aller, comme une pointe rocheuse, une île, ou des hauts-fonds.
- **Identifie bien les dangers à éviter et ce qui va te permettre de les éviter** (bouées cardinales par exemple).
- Note sur **une feuille de route** les différentes parties du parcours.

ÉTABLIR UNE FEUILLE DE ROUTE

NOTE LE CAP À SUIVRE

Trace la route sur la carte au crayon de papier ou place un crayon sur la carte dans la direction à suivre, par exemple de tel port à telle bouée. Note d'abord la direction globale par rapport aux points cardinaux, par exemple cap au sud. Précise ensuite cette direction en degrés, c'est-à-dire l'angle par rapport au nord. Le nord est le point de départ, donc 0°, et on continue dans le sens des aiguilles d'une montre. L'est c'est 90°, le sud 180° et l'ouest 270°. Si on continue, on arrive à 360°, de retour au nord.

Pour cela tu peux t'aider de la rose des vents graduée qui est sur la carte.(Vois la photo page 81).

Pense aussi à prendre en compte le courant qui peut dévier ta route d'un côté ou de l'autre. Reporte-toi au chapitre sur la mer pour l'anticiper.

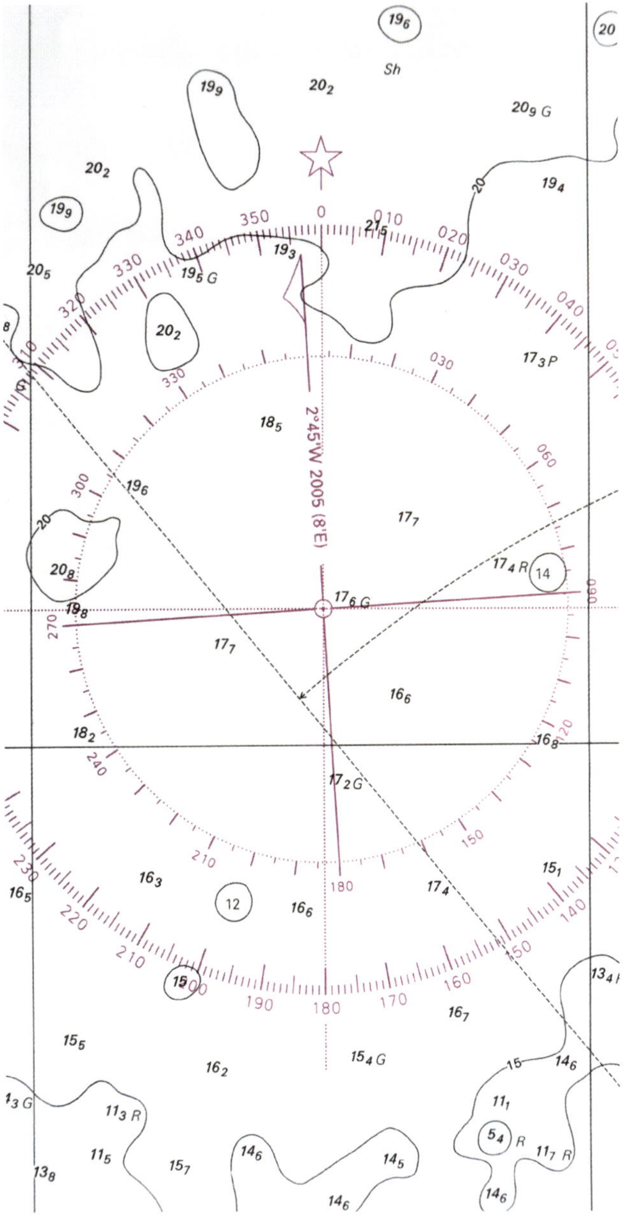

MESURE LA DISTANCE

Tu sais qu'en mer les distances se mesurent en milles marins (1 mille = 1,852 km). Un mille marin correspond à une minute d'angle en latitude (voir la partie consacrée au GPS). Concrètement, pour connaître la distance d'un mille sur la carte marine, mesure avec un compas la distance correspondant à une minute sur l'échelle qui est sur le côté gauche ou droit de la carte.

Reporte cette distance autant de fois qu'il le faut sur ton parcours, en posant le compas sur la carte sans faire bouger les branches. Cela t'indique alors le nombre de milles qui sépare le point d'arrivée du point de départ.

ESTIME LE TEMPS

Tu sais aussi qu'en mer la vitesse se mesure en nœuds, c'est-à-dire en mille par heure. Alors si tu connais la distance à parcourir et si connais la vitesse de ton bateau, tu pourras estimer le temps du trajet. Par exemple, tu sais qu'il y a 15 milles à parcourir et que ton bateau avance à 5 nds. Il te faudra environ 3 heures pour arriver à destination car 15 ÷ 5 = 3. Cela est valable si ton bateau peut aller tout droit jusqu'à l'arrivée. Mais si le parcours est face au vent et qu'il faut tirer des bords (nous verrons cela dans le prochain chapitre), pense à augmenter le temps du parcours !
Pense aussi que s'il y a du courant, cela peut augmenter ou diminuer ce temps.
Prévoir le temps du trajet est important pour suivre ta navigation. Par exemple, tu vas pouvoir anticiper à quel moment tu vas apercevoir tel amer ou tel autre.

NOTE TOUS LES POINTS REMARQUABLES

Note les éléments que tu vas pouvoir identifier pendant le trajet et dans quelle direction tu vas apercevoir les choses.
Par exemple tu sais qu'après avoir longé une grande plage tu vas apercevoir une pointe rocheuse, puis qu'à mi-parcours tu devras contourner une cardinale ouest sur la gauche, et qu'avant d'arriver à destination tu apercevras un clocher.

Plus tu prépares ta navigation avant de partir, plus tu seras à l'aise pour te repérer en mer et suivre ta route.

À SAVOIR

PRÉPARE LA ROUTE

Avant de partir, le navigateur note sur une feuille ou dans un carnet le parcours qu'il prévoit de faire, avec ses différentes parties, les dangers à éviter et les éléments nécessaires à la navigation. *(Voir les pages 126-127).*

SUIVRE SA ROUTE

Tu as préparé ta navigation avant de partir. Ensuite en mer, il faut « faire la navigation », c'est-à-dire qu'il te faut **toujours savoir où tu es et où tu vas**.

Note régulièrement la position de ton bateau dans le livre de bord et surveille si le bateau va au cap que tu as défini. En effet, ton bateau peut être dévié par le vent ou par du courant. Ou tout simplement le barreur n'a pas tenu précisément le cap. Il faut donc toujours que tu surveilles si ton bateau suit la bonne route.

Plusieurs éléments peuvent t'aider.

LE SOLEIL

Tu sais que la Terre tourne autour du Soleil. C'est pourquoi tu vois le Soleil se lever le matin à l'est, passer à midi au sud (où il atteint son point le plus haut), puis se coucher à l'ouest. Ainsi tu peux t'orienter suivant le moment de la journée. Par exemple un bateau qui va vers le soleil à midi va vers le sud. S'il va vers le soleil en milieu de matinée, il se dirige entre l'est et le sud, soit vers le sud-est.

LE COMPAS

Il fonctionne comme une boussole. Il est gradué de 0° à 360° dans le sens des aiguilles d'une montre. Le 0° indique le nord, le 90° l'est, le 180° le sud et le 270° l'ouest. Par exemple, le compas d'un bateau qui fait route plein sud indique 180°.

LE PAYSAGE

Tant que tu navigues près des côtes, tu as des éléments pour te repérer. Comme on l'a vu précédemment **fais constamment le lien entre le paysage et la carte pour positionner ton bateau sur la carte. C'est le meilleur moyen de faire sa navigation**.

NAVIGUER LA NUIT

Naviguer la nuit est magique, mais comment fait-on pour se repérer, alors qu'on ne voit quasiment rien?
C'est le même principe que le jour, mais au lieu d'observer le paysage, on observe les feux des phares. Ce sont de puissants systèmes d'éclairage généralement placés en haut d'une tour. Chaque phare a un code lumineux spécifique. Ils permettent aux navires de repérer la position des zones dangereuses mais aussi des ports.

RECONNAIS LES FEUX

Trois critères permettent de distinguer un feu d'un autre : sa couleur, son rythme et sa période.
L'identité de chaque feu est indiquée en abréviation (issue de l'anglais) sur les cartes marines.

IDENTIFIE LA COULEUR

Elle est généralement blanche, verte, ou rouge.

Sur la carte tu peux voir les abréviations suivantes.

- W pour White en anglais → Tu verras alors un feu blanc.
- G pour Green en anglais → Tu verras alors un feu vert.
- R pour Red en anglais → Tu verras alors un feu rouge.

Il existe aussi des feux à secteur. Leur couleur est différente suivant le côté par lequel on s'approche du phare.

COULEUR

Rouge : sur les cartes, il est signalé par la lettre R, car en anglais, on traduit Red.
Blanc : sur les cartes, il est signalé par la lettre W, car en anglais, on traduit White.
Vert : sur les cartes, il est signalé par la lettre G, car en anglais, on traduit Green.

RYTHME

Feu fixe — Il émet une lumière continue.
Sur les cartes, il est signalé par la lettre F, car en anglais, on dit que sa lumière est « Fixed ».

Feu à éclats — Il émet de courts éclats de lumière, séparés par de longs moments d'obscurité.
Sur les cartes, il est signalé par les lettres Fl, car en anglais, on l'appelle « Flashing ».
Le nombre d'éclats est souvent indiqué entre parenthèses.

Feu à occultations — Il émet de longs éclats de lumière, séparés par de courts moments d'obscurité.
Sur les cartes, il est signalé par les lettres Occ, car en anglais, on l'appelle « Occulting ».

Feu scintillant — Il émet de courts éclats de lumière qui se succèdent à une fréquence rapide.
Sur les cartes, il est signalé par la lettre Q, car en anglais, on l'appelle « Quick ».

Feu isophase — Les éclats de lumière et les moments d'obscurité sont de même durée.
Sur les cartes, il est signalé par les lettres Iso.

PERIODE

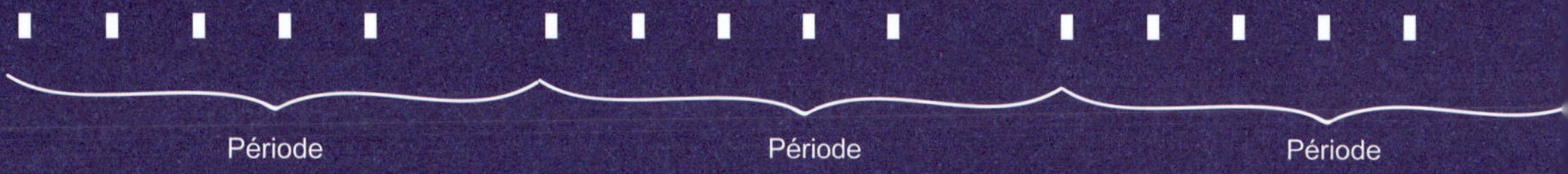

IDENTIFIE SON RYTHME

C'est la façon dont alternent les périodes lumineuses et les périodes d'obscurité.

IDENTIFIE SA PÉRIODE

C'est l'intervalle de temps au terme duquel revient la même séquence lumineuse.
Identifier la période d'un feu n'est pas toujours facile. Il faut prendre le temps d'observer le feu pour comprendre quand commence et quand finit un cycle.
Cela se complique quand il faut en plus compter le nombre d'éclats !
Une petite astuce : compte dans ta tête le nombre de secondes de chaque cycle et compte sur tes doigts le nombre d'éclats.

Sur les cartes marines sont aussi indiquées **la hauteur du phare** en mètres et **sa portée** en milles nautiques, c'est-à-dire la distance à partir de laquelle tu peux le voir par beau temps.

Exemple de feu

Le phare des Poulains à Belle-Île est un feu à éclats (Fl), sa période est de 5 secondes (5s), c'est-à-dire qu'il envoie un éclat lumineux toutes les 5 secondes, le feu est à 34 mètres de hauteur (34m) et sa portée est de 23 milles (23M), c'est-à-dire qu'on peut le voir à 23 milles de distance par beau temps.

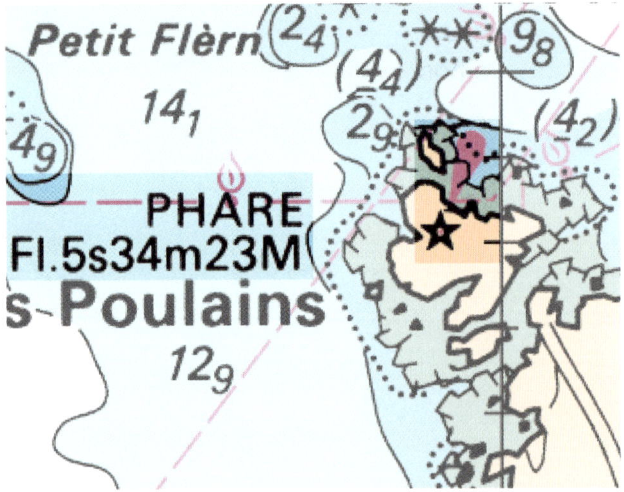

D'après la carte du SHOM n° 7031. Ne pas utiliser pour la navigation.

La nuit, pour faire ta navigation, tu peux utiliser la même méthode que le jour, sauf que le paysage se composera de feux à reconnaître. Avant de partir, prépare ta navigation en notant les feux que tu vas rencontrer. Note bien leurs caractéristiques (couleur, rythme, période, portée). Leurs portées te permettront de savoir à partir de quand tu pourras les apercevoir. Ensuite, en mer, suis ta navigation en faisant régulièrement le lien entre les feux que tu identifies et les feux indiqués sur la carte.

UTILISER LE GPS

Le GPS (Global Positioning System) est un système de positionnement par satellites. C'est un outil très utile pour la navigation dans la mesure où il fonctionne en quasi toute circonstance, de jour comme de nuit. Il faut cependant savoir bien l'utiliser pour ne pas commettre d'erreur. La première chose à faire est de t'assurer auprès d'un adulte que ton GPS est correctement paramétré (système de carte, format des coordonnées…).

Ton GPS indique la position de ton bateau en coordonnées géographiques, mais qu'est-ce que cela ?

LES COORDONNÉES GPS

Les cartes sont quadrillées de lignes imaginaires appelées « parallèles » et « méridiens », afin de déterminer des positions précises.

- **Les parallèles sont des cercles imaginaires parallèles à l'équateur.**

Ils sont représentés sur les cartes par **des lignes horizontales** du nord au sud. Il y a 90 parallèles au nord de l'équateur et 90 parallèles au sud de l'équateur, l'équateur étant le parallèle de référence.

Les parallèles permettent de déterminer **la latitude** d'un point, c'est à dire **la position de ce point sur cette échelle du nord au sud**. Par exemple, tous les endroits qui se trouvent sur le 60e parallèle au nord de l'équateur ont pour latitude 60° Nord.

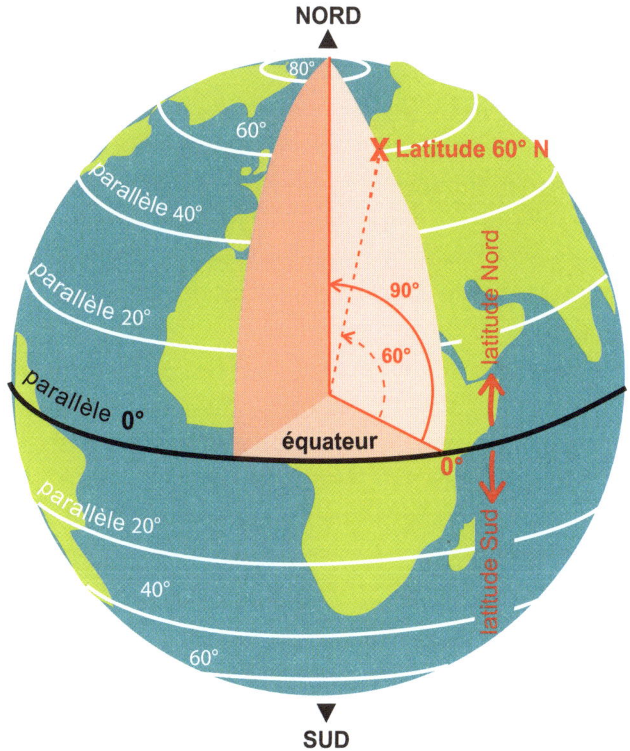

Pour être plus précis, la latitude mesure l'angle entre deux axes : celui du centre de la Terre à l'équateur et celui du centre de la Terre au point donné.
Elle s'exprime en degrés, en partant de 0 degrés à l'équateur pour atteindre 90 degrés aux pôles (90° nord au pôle Nord et 90° sud au pôle Sud).

- **Les méridiens sont des demi-cercles imaginaires qui joignent les deux pôles.**

Ils sont représentés sur les cartes par **des lignes verticales** perpendiculaires à l'équateur. Le méridien de référence est le méridien qui passe à Greenwich, à Londres, en Angleterre. Les méridiens permettent de déterminer **la longitude** d'un point, c'est-à-dire **sa position sur cette échelle est-ouest**. Par exemple, tous les endroits qui se trouvent sur le 40e méridien à l'est du méridien de Greenwich ont pour longitude 40° est.

Pour être plus précis, la longitude mesure l'angle entre deux axes : celui du centre de la Terre au méridien de Greenwich et celui du centre de la Terre au méridien du point donné.
Elle s'exprime en degrés, en partant de 0 degré au méridien de Greenwich pour atteindre 180 degrés à l'opposé de Greenwich, de l'autre côté du gobe. Ainsi il y a 180 méridiens à l'est de Greenwich et 180 méridiens à l'ouest.

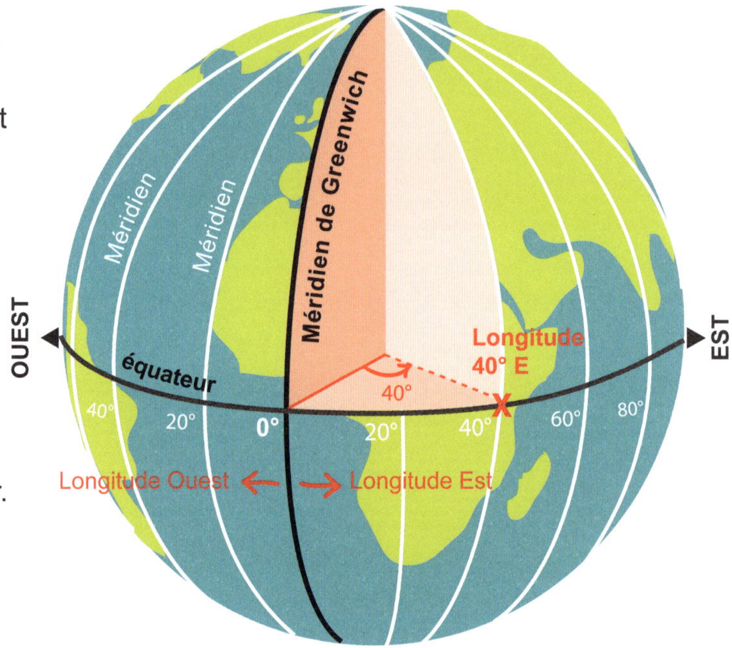

LES COORDONNÉES GÉOGRAPHIQUES

Ce sont la latitude et la longitude d'un point. Par exemple sur la carte de la page 89 les coordonnées géographiques du petit bateau sont : 20° N 30° O. Il est situé au croisement du 20e parallèle au nord de l'équateur et du 30e méridien à l'ouest du méridien de Greenwich.

À toi de jouer…

LES RETROUVAILLES !

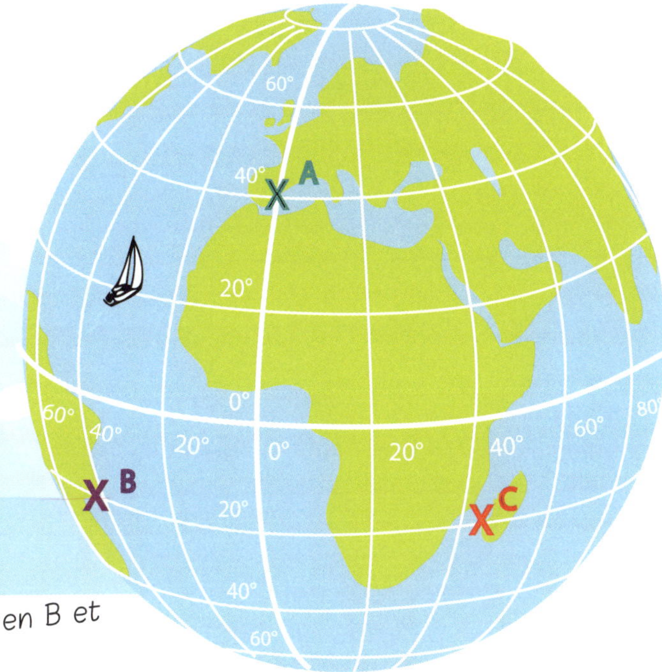

Gloria te donne rendez-vous en A, Paco en B et Tahiana en C.
Détermine leurs coordonnées géographiques.
À quels pays ces coordonnées correspondent-elles ?

A: Espagne : 40° N/ 0° E, B : Brésil : 20° S/40° O, C: Madagascar : 20° S/50° E

Pourquoi parle-t-on de minutes ?
Tu as vu qu'en navigation il faut être précis. Il ne suffit pas de donner les coordonnées en degrés. Chaque degré est découpé en minutes, il y en a 60 par degré, et chaque minute est découpée en décimales de minutes (voir page 81). Les minutes sont indiquées par une apostrophe après le chiffre.

Par exemple les coordonnées du phare des Poulains sont : 47°23.313'N/ 3°15.113'O.
C'est-à-dire qu'il se situe au croisement du 47e parallèle au nord de l'équateur et du 3e méridien à l'ouest du méridien de Greenwich, à exactement 47° et 23,313 minutes de latitude, et 3° et 15,113 minutes de longitude.
Attention, les coordonnées sont parfois indiquées en degrés, minutes, secondes. Il faut bien vérifier le paramétrage de ton GPS.

COMMENT UTILISER TON GPS ?

Tu peux **lire la position** qu'il indique en coordonnées géographiques et la reporter sur la carte.
Sur la carte, les latitudes sont indiquées sur les côtés gauche et droit, et les longitudes sont indiquées en haut et en bas. Mais ce n'est pas si simple…
Il faut bien te représenter si tu es au nord ou au sud de l'équateur. Si tu es au nord, la latitude va augmenter en allant vers le haut de la carte. Inversement, si tu es dans l'hémisphère sud, la latitude va augmenter en allant vers le bas de la carte.
Il faut aussi bien te représenter si tu es à l'est ou à l'ouest du méridien de Greenwich. Si tu es à l'est, la longitude va augmenter en allant vers la droite de la carte. Si tu es à l'ouest, la longitude va augmenter en allant vers la gauche de la carte.

POSITIONNE TON BATEAU

Regarde les coordonnées géographiques que t'indique le GPS de ton bateau. Reporte cette position sur la carte.
Cela devrait être cohérent.

Tu peux aussi entrer les coordonnées d'un point qui t'intéresse dans le GPS, par exemple le prochain point où tu veux te rendre. Cela s'appelle **un waypoint**. Le GPS va te donner le cap à suivre et la distance pour aller à ce point.

ENTRE UN WAYPOINT DANS LE GPS

Regarde sur la carte les coordonnées précises du point où tu veux aller. Entre ces coordonnées méticuleusement dans le GPS. Regarde ensuite le cap et la distance que t'indique le GPS.
Est-ce que cela te semble cohérent ?

La plupart des erreurs avec le GPS sont dues à des erreurs de manipulation.
C'est-à-dire que, encore une fois, il faut être **très rigoureux** lorsque tu entres les coordonnées d'un waypoint ou lorsque tu lis ta position. Il faut toujours te demander si les indications du GPS te semblent cohérentes. Le GPS est un outil de plus pour t'aider à faire ta navigation. Mais il ne peut remplacer ta navigation. Il faut toujours faire le lien entre le paysage et la carte pour vérifier que ta route est pertinente. N'oublie pas que tes principaux outils sont tes yeux et **ton bon sens**.

Maintenant que tu sais de façon sûre où tu vas, voyons comment y aller…

MÉLI-MÉLO

Remets un peu d'ordre dans les mots de ce proverbe marin.

Quand les mouettes ont pied, il est temps de virer

TRACE LA BONNE ROUTE

Tu es un bon marin ? As-tu préparé ta route ?
Alors à toi de naviguer entre les bouées cardinales.

LE VOILIER

COMMENT FLOTTE UN BATEAU ?

EXPÉRIENCE

Remplis un saladier d'eau et teste la flottabilité de différents objets que tu trouves dans le bateau ou sur la plage : une cuillère en métal, une cuillère en plastique, une boîte de sardines pleine, une boîte de sardines vide, des cailloux de différentes tailles…

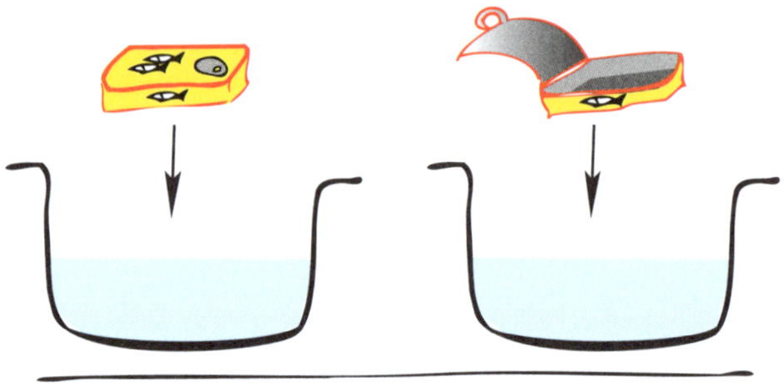

Qu'observes-tu ?

Si tu compares les poids d'objets de formes identiques, tu t'aperçois que les objets les plus lourds coulent : la boîte de conserve pleine, la cuillère en métal… Par conséquent, on pourrait penser que la flottabilité d'un objet dépend de son poids.

MAIS CE N'EST PAS SUFFISANT !

Par exemple une cuillère en métal coule. Or les paquebots, qui sont fabriqués avec des plaques de métal, pèsent très lourd, et pourtant ils flottent !

En fait, nous allons voir que c'est grâce à son volume qu'un bateau très lourd peut flotter.

À RETENIR !

VOLUMES ET POIDS

Le volume d'un objet, c'est la place que cet objet occupe dans l'espace. Il faut bien distinguer le volume d'un objet de son poids, ce n'est pas la même chose.

Par exemple une caisse en carton est volumineuse, mais elle ne pèse pas lourd. Inversement une petite pierre peut être lourde, sans être volumineuse.

LA PESANTEUR ET LA POUSSÉE D'ARCHIMÈDE

Sur l'eau, un bateau est soumis à deux forces.

LA PESANTEUR

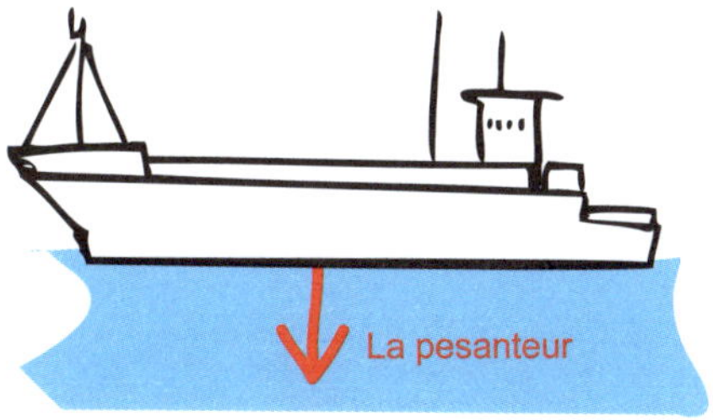

Lorsque tu mets un caillou dans l'eau, il coule. Lorsqu'un adulte jette l'ancre à la mer, elle coule aussi.

De même, le poids du bateau tend à le faire couler. Cette force est dirigée vers le bas. C'est **la pesanteur**.

LA POUSSÉE D'ARCHIMÈDE

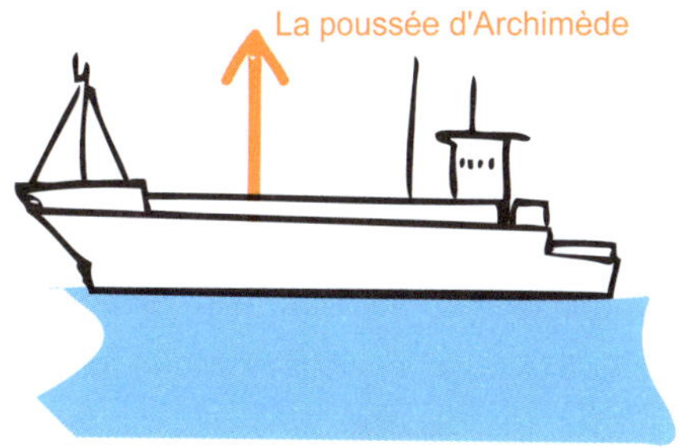

Inversement, si tu essaies de faire couler une planche, tu n'y arriveras pas.

Et plus la planche est grande, plus c'est difficile. Car l'eau résiste : elle repousse ta planche vers le haut. Grâce à son volume dans l'eau, c'est-à-dire au fait qu'elle prend de la place dans l'eau, la planche reçoit une force qui l'empêche de couler. Cette force est dirigée vers le haut. On l'appelle **la poussée d'Archimède**. C'est grâce à elle que les bateaux flottent.

TOUT S'EXPLIQUE

« Ainsi, si la poussée d'Archimède compense la force de la pesanteur, c'est-à-dire si le volume du bateau dans l'eau est assez important par rapport à son poids, il flotte ! »

PREMIÈRE EXPÉRIENCE

Remplis un saladier d'eau. Prends un bol vide. Mets-le dans l'eau. Tu constates qu'il flotte. Ensuite, ajoute progressivement des cailloux dans le bol.

Que se passe-t-il ?

- D'abord, le bol s'enfonce dans l'eau au fur et à mesure que tu rajoutes des cailloux, mais sans couler. Comment cela est-il possible, à ton avis, alors qu'on augmente son poids ?
- À un moment donné, il suffit de rajouter un caillou pour que le bol coule. Comment expliques-tu cela ?

Explications

En fait, lorsque le poids du bol augmente, il s'enfonce dans l'eau. Alors, le volume du bol plongé dans l'eau augmente et la poussée d'Archimède aussi. Un nouvel équilibre se crée et le bol flotte toujours.

Lorsque le bol est enfoncé dans l'eau jusqu'à ras bord, son volume dans l'eau ne peut plus augmenter. Donc, la poussée d'Archimède ne peut plus augmenter. Il suffit alors d'augmenter le poids, même avec un seul petit caillou, pour rompre l'équilibre. Et le bol coule !

DEUXIÈME EXPÉRIENCE

- Lorsque tu te baignes, tu fais la planche pour te reposer et flotter dans l'eau. Prends une grande inspiration.

Que ressens-tu ? Est-ce que tu flottes plus facilement ou plus difficilement ?

....

....

- Puis vide tes poumons.

Que ressens-tu ? Est-ce que tu flottes plus facilement ou plus difficilement ?

....

....

Explications

Tu remplis tes poumons d'air et ta poitrine se gonfle. Or, l'air occupe beaucoup de place sans peser très lourd. Alors, lorsque tu remplis tes poumons d'air, tu augmentes le volume de ton corps, sans beaucoup changer son poids. C'est-à-dire que tu augmentes la poussée d'Archimède sans beaucoup changer la force de pesanteur. Donc tu flottes plus facilement.

Inversement, lorsque tu expires tout l'air que tu as en toi, tu flottes moins facilement.

JEUX

Essaye de reproduire ce voilier sans lever le crayon du papier et sans repasser 2 fois sur le même trait !

Tu as compris, ce qui fait qu'un objet flotte ou coule est le rapport entre son poids et son volume. Lorsqu'on augmente son poids (en ajoutant des cailloux dans le bol par exemple), il tend à couler. Lorsqu'on augmente son volume (comme lorsque tu gonfles ta poitrine), il a plus de chance de flotter.

Ainsi pour qu'un bateau flotte, il doit être assez volumineux pour supporter un poids d'ensemble avec le mât, les équipements et les équipiers.

QUE FAUT-IL POUR CONSTRUIRE UN BATEAU À VOILE ?

UN BATEAU À VOILE A BESOIN D'UN FLOTTEUR

Le premier élément est bien sûr d'avoir une coque qui flotte.

Comme nous venons de le voir, elle doit avoir un volume suffisant pour supporter le poids de l'ensemble du bateau. D'ailleurs, les architectes navals cherchent des matériaux les plus légers possible afin de diminuer au maximum le poids du bateau.

Mais cela suffit-il ? On a vu beaucoup d'objets qui flottent : une boîte de sardines vide, une cuillère, un bol… Cependant si on s'en servait comme coque de bateau, cela ferait des embarcations assez originales !

À RETENIR !

LA FORME DE LA COQUE

Le bateau doit avoir une forme qui lui permet d'avancer dans l'eau et dans l'air tout en étant freiné le moins possible. Un bateau carré comme une boîte de sardines pousse de l'eau au lieu d'avancer dans l'eau. Inversement un bateau profilé, c'est-à-dire avec un avant pointu, va fendre la mer (et le vent).
La coque du bateau doit donc flotter mais aussi avoir une forme profilée qui lui permet d'avancer dans l'eau.

UN BATEAU À VOILE A BESOIN... DES VOILES !

Maintenant que nous avons une coque qui flotte et qui peut avancer dans l'eau, il faut un moyen de propulsion. C'est le rôle des voiles. Elles créent un obstacle au vent et récupèrent ainsi sa puissance. Quand le vent souffle dans les voiles, le bateau se met en mouvement.

► ***Qu'est-ce que ça veut dire ?***
Propulser : faire avancer.

Fais le test !

Tu peux faire cette expérience en tendant une serviette dans le vent, ou même en tenant ton ciré ouvert les jours de grand vent. Le vent qui s'engouffre dans ta serviette ou ton ciré te pousse, de la même façon qu'il pousse les voiles du bateau.

Suivant les types de bateau, il peut y avoir une ou plusieurs voiles. Les voiles peuvent aussi avoir des formes très différentes.

Les voiliers les plus courants sont équipés d'une grand-voile à l'arrière et d'un foc à l'avant. Afin de s'adapter à la force du vent, il faut pouvoir augmenter ou diminuer la taille de l'ensemble de sa voilure.

C'est pourquoi les bateaux sont en général équipés de plusieurs focs. Le plus grand s'appelle le génois.

Pour la grand-voile, soit on la hisse tout entière, soit on n'en hisse qu'une partie si le vent est fort. Quand on ne hisse qu'une seule partie, cela s'appelle « prendre un ris ».

► ***Qu'est-ce que ça veut dire ?***
Hisser une voile : monter une voile en haut du mât.
Prendre un ris : réduire la surface de la grand-voile en repliant la partie basse sur la bôme.

À RETENIR !

CHOISIR LES VOILES

Avant de partir naviguer, choisis bien les voiles de ton bateau ! Pour cela, anticipe la force du vent : dans ce livre, le chapitre sur le vent peut t'aider.

UN BATEAU À VOILE A BESOIN D'UN GRÉEMENT

Pour que les voiles transmettent à leur tour leur énergie au bateau, elles doivent être bien accrochées au bateau. Tout ce qui sert à tenir les voiles s'appelle le gréement.

- **Le mât**, l'élément central, tient les voiles verticalement.
- **La bôme** tient la voile horizontalement.
- **Les haubans** maintiennent le mât sur les côtés.
- **L'étai** maintient le mât à l'avant.
- **Les drisses** servent à hisser les voiles (c'est-à-dire les monter en haut du mât).
- **Les écoutes** servent à régler les voiles.

UN BATEAU À VOILE A BESOIN D'UNE QUILLE

Pourquoi les bateaux ont-ils une quille ?

La quille est la partie basse de la coque qui est sous l'eau. Elle a souvent la forme d'un aileron (extrémité de l'aile d'un oiseau).
Une quille est fixe. Sur certains bateaux, on peut la relever quand on approche de la plage et la baisser quand on navigue. On parle alors de dérive.

TROUVE L'INTRUS

Trouve le mot qui n'est pas le nom d'une voile.

COLIBRI MISAINE foc diablotin brigantine

petit perroquet grand cacatois spinnaker marquise

Réponse : le colibri est un oiseau, comme le perroquet mais ce n'est pas le nom d'une voile.

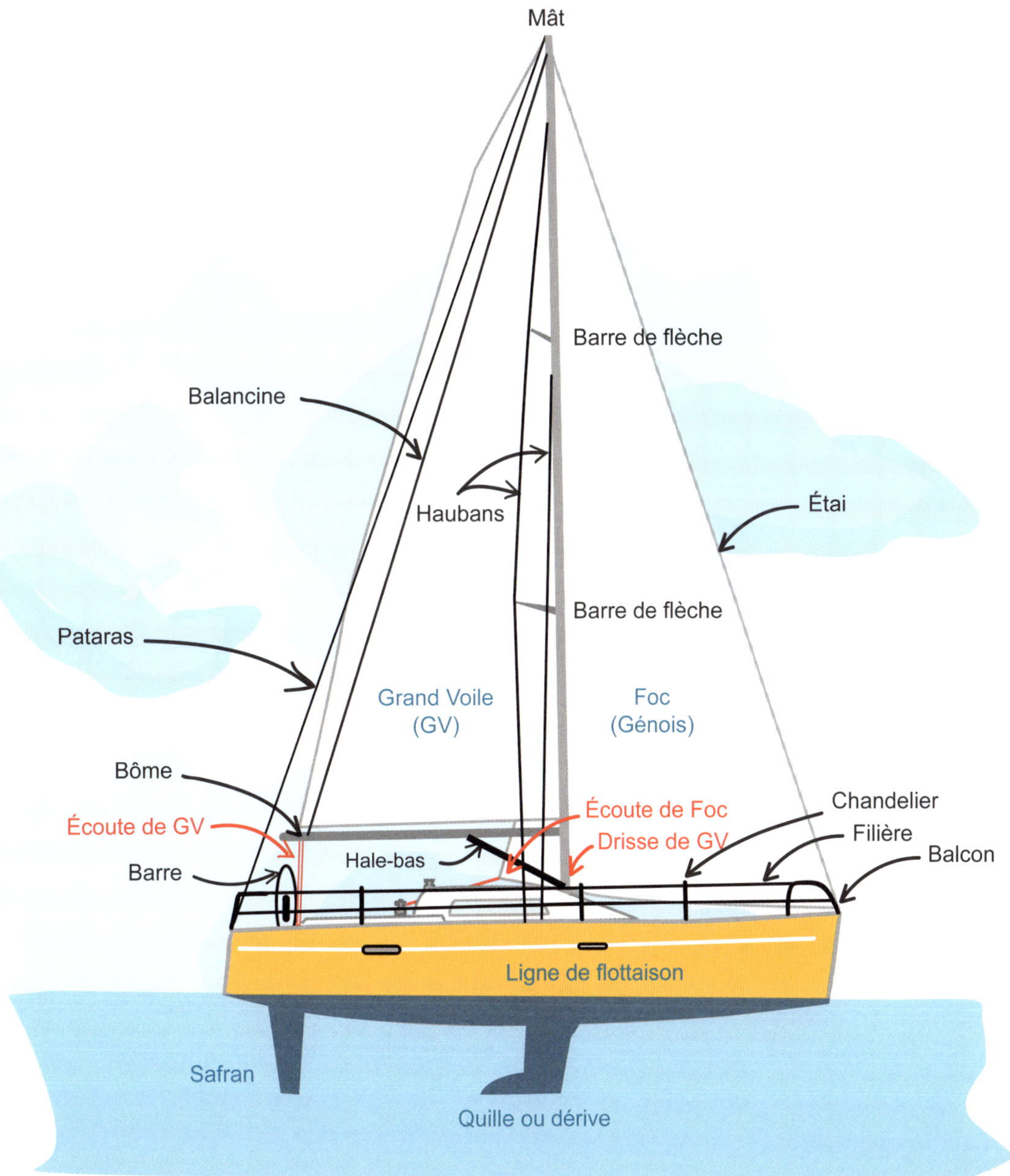
Mât
Barre de flèche
Balancine
Haubans
Étai
Barre de flèche
Pataras
Grand Voile
(GV)
Foc
(Génois)
Bôme
Écoute de Foc
Chandelier
Écoute de GV
Drisse de GV
Filière
Hale-bas
Balcon
Barre
Ligne de flottaison
Safran
Quille ou dérive

EXPÉRIENCE

Construis ton petit bateau

1. Vérifie d'abord que le bouchon de liège flotte en le mettant dans le saladier rempli d'eau.

2. Fabrique ensuite la voile et son gréement :

- découpe un petit carré de papier,
- enfile une allumette dedans afin qu'elle serve de mât,
- pique enfin cette allumette dans le bouchon,
- Mets ton fier navire (composé d'un flotteur, d'une voile et d'un mât) sur l'eau.

Que se passe-t-il ?

Ton bateau chavire !
Comment améliorer ton bateau pour que cela ne se reproduise pas ? Comment empêcher le bateau de chavirer ? C'est justement le rôle de la quille !

Construis une quille avec la deuxième allumette :

- scotche le petit caillou en bas de l'allumette,
- pique cette allumette en bas du bouchon,
- mets à nouveau ton fier navire sur l'eau,
- souffle sur la voile. Est-ce que ton bateau chavire ?

Que se passe-t-il ?

Ton bateau ne chavire pas ! Lorsque tu souffles sur la voile, il penche. On dit qu'il gîte. Mais dès que tu arrêtes de souffler il revient à la verticale sans chavirer.

► ***Qu'est-ce que ça veut dire ?***
Gîter : quand le bateau penche sous l'effet du vent.

TOUT S'EXPLIQUE

La quille et la dérive créent un contrepoids qui empêche le bateau de chavirer. On verra plus loin qu'elles ont encore une autre utilité.

UN BATEAU A BESOIN D'UN GOUVERNAIL

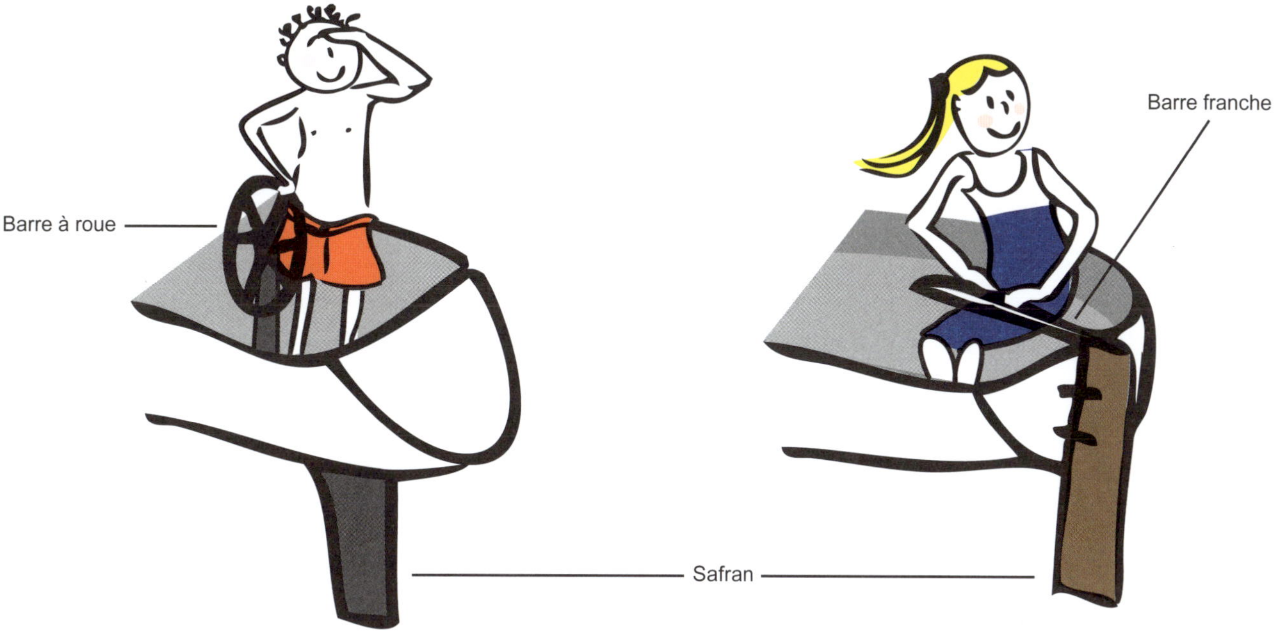

Maintenant que notre bateau flotte, qu'il avance et qu'il ne chavire pas, il faut pouvoir le diriger. C'est le rôle du gouvernail. Il est composé d'un safran qui est dans l'eau et d'une barre. La barre est reliée au safran. Ainsi, tu actionnes la barre pour diriger le bateau à droite ou à gauche.

Enfin, nous avons un bateau complet avec :

- un flotteur,
- des voiles pour avancer,
- un gréement pour tenir les voiles,
- une quille pour ne pas chavirer,
- un safran pour se diriger.

COMMENT AVANCE UN VOILIER ?

Les hommes utilisent depuis très longtemps les bateaux à voile pour la pêche, le transport des hommes et le commerce des marchandises.

Nos ancêtres récupéraient la force du vent dans leurs voiles carrées (comme quand tu tends une serviette dans le vent dans l'expérience précédente) et se laissaient pousser par le vent.

Il y avait cependant un problème avec ce type d'embarcation : ils ne pouvaient pas aller où ils voulaient ! Ils ne pouvaient aller que là où le vent les poussait.

Essaie de diriger le petit bateau que tu as construit avec le bouchon de liège. Il faut toujours que tu te tournes pour le pousser là où tu veux ! Être poussé par le vent est déjà bien pratique mais peut-on aller contre le vent ?

PEUT-ON ALLER CONTRE LE VENT ?

EXPÉRIENCES

à faire avec l'aide d'un adulte

Voici quelques définitions qui vont t'aider à comprendre les expériences suivantes.

Abattre : s'écarter de la direction du vent.
Lofer : aller/remonter vers le vent. (Le vent vient toujours du côté opposé à la voile, puisqu'il la pousse)
Border une voile : tirer sur l'écoute (pour ramener la voile près du bord du bateau).
Choquer une voile : lâcher de l'écoute (pour écarter la voile du bord du bateau).
Dériver : s'écarter de sa direction sous l'effet du vent ou du courant.
Faseyer : flotter au vent comme un drapeau.

Choisissez une journée avec une météo clémente : un petit vent et une mer plate. Hissez seulement la grand-voile et allez faire une petite navigation. Suivez dans l'ordre les étapes suivantes.

Observe et dessine la voile de ton bateau.

Avec l'une de ces voiles au choix.

❶

Navigue vent arrière.
Laisse le vent pousser ton bateau et dirige-le jusqu'à le mettre dans l'axe du vent avec le vent qui vient de l'arrière de ton bateau.

Que se passe-t-il ? Est-ce que le bateau avance vite ? Dessine la voile sur ce schéma.

*Attention ! Lorsqu'on navigue vent arrière la voile peut être indifféremment d'un coté ou de l'autre. Il vaut mieux être proche du vent arrière avec un léger angle, afin que la bôme ne passe pas d'un coté à l'autre de façon incontrôlée.

❷

Lofe progressivement sans toucher au réglage de la voile jusqu'à recevoir le vent perpendiculairement au bateau.

Que se passe-t-il ? Est-ce que le bateau avance vite ? Dessine la voile sur le schéma.

❸

Garde le bateau dans cette position, voile faseyante.

Que se passe-t-il ? Dessine la voile sur le schéma et indique par une flèche le sens de déplacement du bateau.

❹

Borde la voile jusqu'à ce qu'elle ne faseye plus, tout en restant travers au vent (le bateau perpendiculaire au vent).

Que se passe-t-il ?
Est-ce que le bateau avance ?
Dans quelle direction ?
Est-ce que le bateau dérive encore ?
Dessine la voile sur ce schéma et indique par une flèche le sens de déplacement du bateau.

❺

Lofe pour te rapprocher au plus près du vent.

Que se passe-t-il ?
Le bateau avance-t-il toujours aussi vite ?
Dessine la voile sur le schéma.

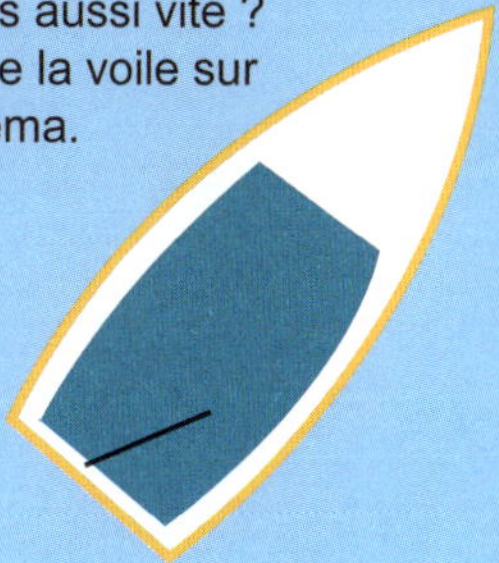

❻

Continue de lofer.

Jusqu'où peux-tu remonter au vent ? Peut-on avancer face au vent ? Dessine la voile sur le schéma.

Que s'est-il passé ?

❶

Vent Arrière.
Le bateau, poussé par le vent avance vite.
La voile se règle perpendiculairement au bateau, afin de prendre le plus possible de vent.

❷

Travers au vent, voile choquée.
D'abord la voile se dégonfle puis faseye. Elle flotte au vent comme un drapeau. Puis le bateau qui n'est plus propulsé ralentit et s'arrête.

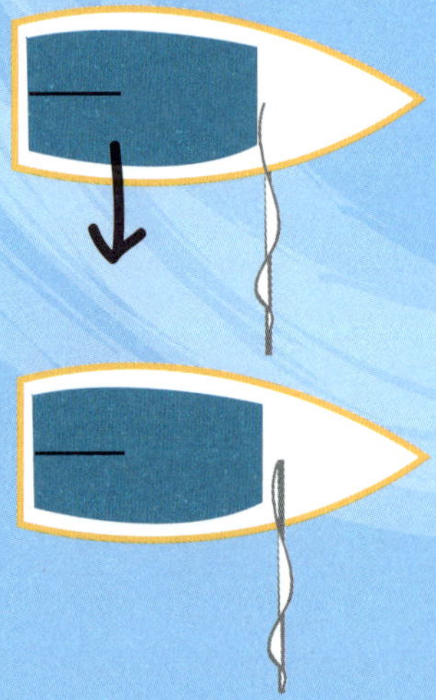

❸

Travers au vent,
voile toujours choquée.
Le bateau se met à dériver sous l'effet du vent qui le pousse par le travers.

❹

Travers au vent, voile bordée.
Le bateau repart.
La voile se gonfle et propulse à nouveau le bateau.
Il ne dérive plus, ou très peu.

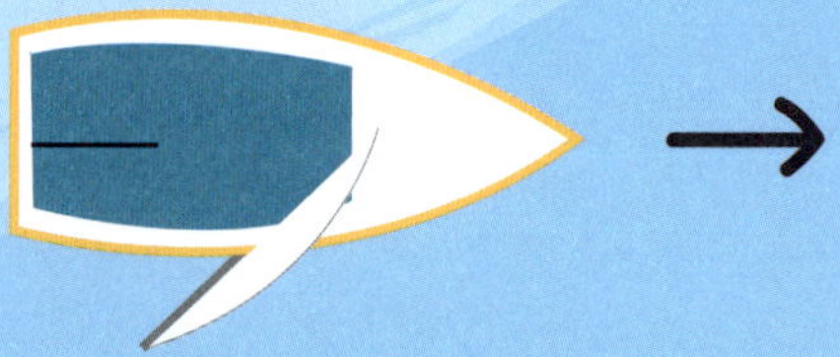

❺

Près du vent.
Au fur et à mesure que tu lofes, la voile se met à faseyer et il faut la border pour la garder gonflée.
Le bateau avance toujours mais va un peu moins vite car maintenant qu'il remonte au vent, le vent crée une résistance.

❻

Face au vent.
À un moment, toute la voile faseye, même bordée.
C'est que le bateau est face au vent. Alors le vent ne peut gonfler ni un côté de la voile, ni l'autre et le bateau s'arrête.

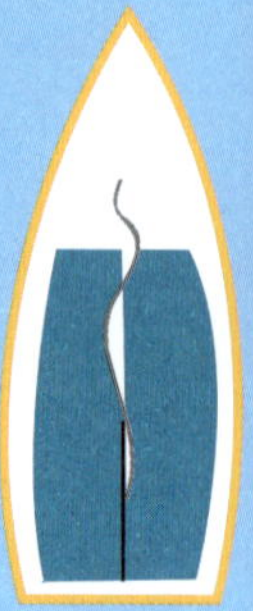

De ces petites expériences en navigation, tu déduis les éléments ci-dessous.

- Vent arrière, un bateau avance vite. Il est poussé par le vent, comme les voiliers de nos ancêtres (étape 1).
- Lorsque la voile n'est plus gonflée (lorsqu'elle faseye), le bateau n'est plus propulsé : il s'arrête (étape 2).
- Un bateau qui n'avance pas dérive dans la direction où le pousse le vent. Au lieu d'aller droit devant lui, il est poussé sur le côté (étape 3).
- Un bateau qui avance dérive peu (étape 4).
- Quand on lofe, il faut border la voile pour continuer à avancer (étape 5). À l'inverse, pense à la choquer quand tu t'écartes du vent (quand tu abats).
- Un bateau peut naviguer près du vent, même s'il avance moins vite que vent arrière.
- Face au vent, la voile ne peut pas se gonfler et le bateau s'arrête (étape 6).

C'EST CLAIR

Tu peux maintenant répondre avec certitude à la question de départ : un voilier ne peut pas naviguer face au vent mais il peut s'en rapprocher. Il peut remonter au vent !

LES NŒUDS

À quoi servent-ils ?

Le nœud de cabestan sert à amarrer un bateau, une annexe, un pare-battage…
Le nœud en huit est un nœud d'arrêt pour empêcher une écoute ou une drisse de filer dans une poulie.
Le nœud de chaise sert à accrocher une écoute ou une drisse à une voile. Il sert aussi à amarrer un bateau.

LE NŒUD DE CABESTAN

LE NŒUD DE HUIT

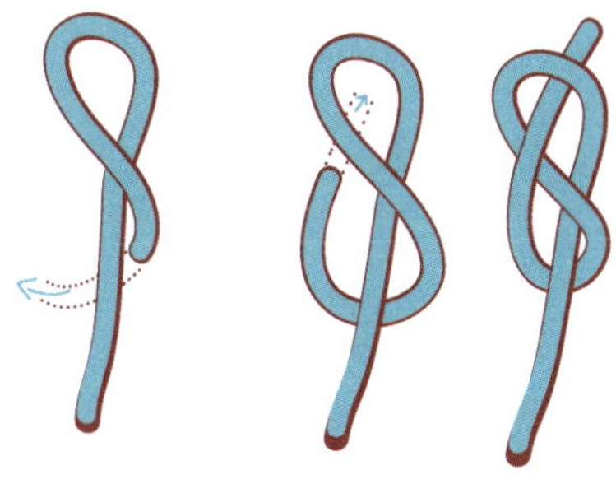

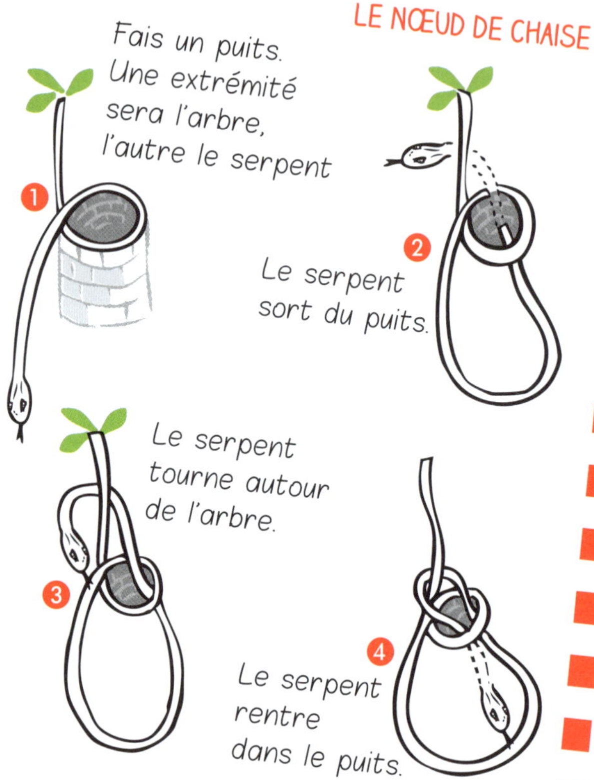

POURQUOI UN VOILIER NE DÉRIVE PAS QUAND IL AVANCE ?

On vient de voir qu'un bateau qui n'avance pas dérive dans la direction où le pousse le vent. Pourquoi un bateau qui avance ne dérive pas ? Il faut chercher la raison sous le bateau… C'est en fait grâce à sa quille (ou sa dérive) qu'un bateau ne dérive pas. Lorsque le bateau avance, sa quille s'appuie sur l'eau. Cela crée une résistance qui empêche le bateau de dériver.

Tu as probablement déjà fait cette expérience en voiture. Lorsque la voiture est arrêtée, si tu passes ta main par la fenêtre, rien ne la retient. Par contre quand la voiture avance, ta main tient presque toute seule car elle s'appuie sur l'air.

De même si tu plonges lentement ta main à plat dans l'eau, elle s'enfonce facilement. Par contre si tu exerces un mouvement rapide, lorsque tu nages le crawl par exemple, tu sens que l'eau te repousse.

Lorsqu'un bateau avance dans l'eau, sa quille prend appui sur l'eau et l'empêche de dériver.

La quille sert à empêcher le bateau non seulement de chavirer mais aussi de dériver !

QUELLES SONT LES DIFFÉRENTES ALLURES ?

Comme tu viens de le voir, un voilier peut naviguer plus ou moins près de l'axe du vent. Ce sont ces différentes orientations du bateau par rapport au vent qu'on appelle les allures. Tu as vu qu'on peut naviguer du vent arrière jusqu'à près du vent, en passant par le travers. L'allure entre le vent arrière et le travers s'appelle le largue. Tu as vu aussi qu'on ne peut pas naviguer face au vent. Lorsque tu veux atteindre un objectif dans l'axe du vent il faut tirer des bords : naviguer au près sur un bord puis un autre.

► ***Qu'est-ce que ça veut dire ?***

Virer de bord : changer de bord en passant face au vent. Les voiles passent d'un côté à l'autre du bateau.

Empanner : changer de bord en passant dos au vent. Attention à la bôme qui passe rapidement d'un côté à l'autre !

Tribord : droite

Bâbord : gauche

Tribord amures : le vent vient de la droite (il pousse la voile à gauche).

Bâbord amures : le vent vient de la gauche (il pousse la voile à droite).

Tirer des bords ou louvoyer : naviguer au près, d'un bord puis de l'autre pour remonter progressivement dans l'axe du vent.

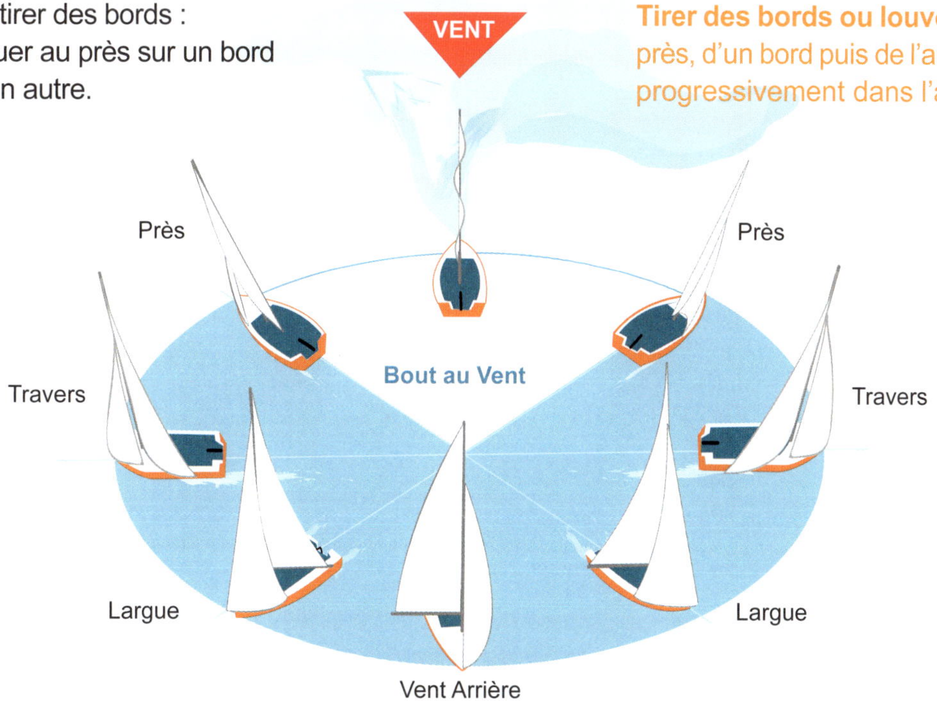

Cela paraît simple sur un schéma mais en mer, c'est plus difficile de se repérer par rapport au vent…

La première chose à faire est d'identifier d'où vient le vent. C'est le moins facile mais plusieurs éléments peuvent t'aider. Souviens-toi du paragraphe « Comment savoir d'où vient le vent ? » dans le chapitre sur le vent. Ensuite, en tendant un bras dans la direction du vent et l'autre dans la direction de ton bateau, tu peux identifier ton allure.

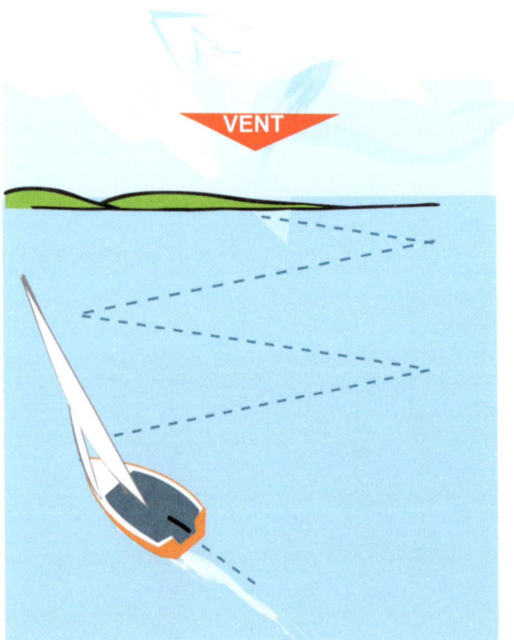

Tirer des bords.

CONNAÎTRE LES ALLURES : À QUOI CELA SERT-IL ?

SAVOIR À QUELLE ALLURE TU VAS NAVIGUER PERMET DE PRÉPARER TA NAVIGATION

Une fois ta route établie, regarde les prévisions météo pour savoir quelle sera la direction du vent pendant ton trajet. Puis détermine quelles seront les allures sur chaque partie de ton parcours.

- Regarde d'abord si tu peux y aller en route directe ou non. Si ta destination est dans l'axe du vent, tu ne pourras pas y aller en route directe : il faudra tirer des bords. Ta navigation devra intégrer cela : regarde sur la carte si tu peux tirer des bords sans danger.
- Évalue ensuite le temps du trajet. Un voilier avance plus ou moins vite selon les allures. Au près tu vas moins vite qu'aux allures portantes (celles où le vent te pousse, largue et vent arrière). S'il faut tirer des bords, cela va augmenter d'autant la durée du trajet.

L'allure du bateau est donc à prendre en compte dans ta navigation. Elle va aussi déterminer le réglage des voiles.

IL FAUT CONNAÎTRE LES ALLURES POUR SAVOIR COMMENT RÉGLER TON BATEAU

Adapte la voilure

La première chose à faire est de choisir « la toile du temps », c'est-à-dire les voiles adaptées à la météo. Avant de partir, observe le vent qu'il y a en mer et informe-toi des prévisions météo. Suivant la force du vent, choisis si tu vas naviguer avec toute la voilure ou si tu vas la réduire (avec un ris dans la grand-voile et un petit foc, par exemple).

Adapte les réglages à ton allure

Comme d'habitude en mer, repère d'où vient le vent et à quelle allure tu navigues.

- Vent arrière, il faut choquer au maximum les voiles pour offrir le maximum de prise au vent. Plus les voiles sont perpendiculaires au vent, plus le vent va souffler pleinement dedans et pousser le bateau.
- Plus on se rapproche du vent, plus il faut border les voiles. Au près serré, les voiles sont bordées au maximum, presque dans l'axe du bateau. Inversement, choque les voiles lorsque tu t'écartes du vent.
- De façon générale, pour bien régler une voile, il faut la border à la limite du faseyement. Pour cela, choque l'écoute jusqu'à ce que la voile faseye puis reprends un peu d'écoute. Car une voile trop choquée faseye partiellement et n'est pas efficace. Mais une voile trop bordée emprisonne le vent. Et le vent qui ne peut pas s'échapper fait dériver le bateau au lieu de le faire avancer.

Écoute ton bateau

Un bateau bien réglé est facile à barrer. Tu as parfois la sensation que la barre est dure : tu es obligé de la tirer en permanence pour maintenir le cap. Cela se produit quand les voiles sont trop bordées. Alors le bateau gîte mais n'avance pas beaucoup. Si tu as cette sensation à la barre, c'est qu'il faut choquer un peu les voiles.

Inversement, si tu as du mal à stabiliser ta route et que tu ne ressens pas grand-chose à la barre, il peut être judicieux de border un peu. Mais ce cas est moins fréquent.

FABRIQUE TON BRACELET

Matériel nécessaire : 50 cm de bout fin.

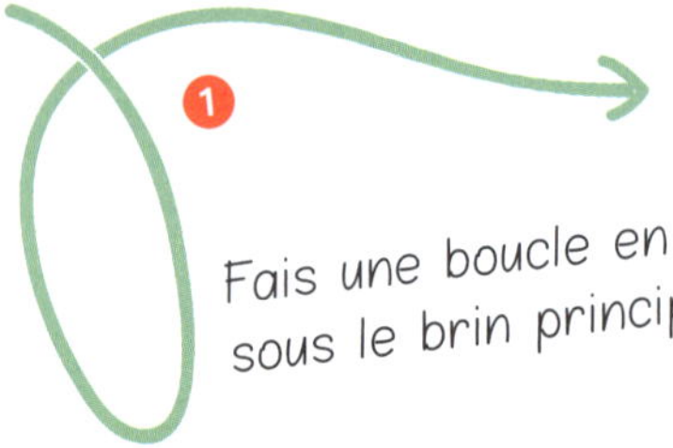

1

Fais une boucle en passant sous le brin principal.

2

Tourne autour du brin principal dessous... dessus... dessous... dessus... autant de fois que tu le souhaites.

3

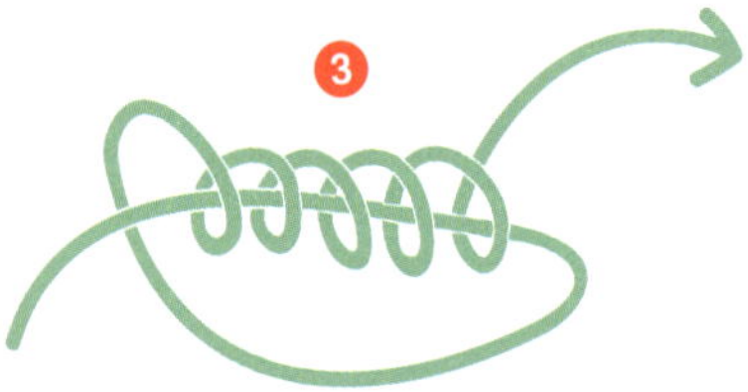

Tu peux faire 3 tours, 5 tours, ou plus...

Tire d'un coup sur chaque extrémité.

4

LES MOTS MÊLÉS DU MARIN

Les mots du marin sont cachés à la verticale, à l'horizontale ou en diagonale... Une même lettre peut faire partie de plusieurs mots.

À toi de les retrouver.

A R

Z B

E E G S

B Ç M D

Y X T K O H

G M C S A B

P S H N Y P Y N

W O P C O K V P

P S O W I N Y P B P

F I L I E R E N Q K

Z V Q A M N A B U A H T

I N I T N E M R U O T C

K B M J Z L T R Z K U R X H

G F F V B R Q E B W I P L R

Ç F B W L I F C I M A Q V Q G S

E J G A N Z Z E L T V J V G D J

B V Y S Q R H K E E W P Y J Ç F S C

W H H U M Y R R M D D I G L T U O B

K V S E Ç E D T E J N E Y Q R W N A L H

Z E T P S R H P D E A Ç L E W A K C F S

B A T X S L W K Q V P H B I L R X N K A U D

P E A I K Q F L M O E C T H F I Y Z D T I B

G W Q R B W Y A F U V G W A A N R U R D V N G F

B R D Z K W C D L O J N W S S O T R Q Y Q O I A

T S B A L A N C I N E R A D P T U S A N C R E I F Y

A T H M C I K E P A R E B A T T A G E M K S Q O L N

P J M D N S J S R R V C C D C K W L J N O W Ç Z V T E R

I Z F O C R S I O N E G T A Q U E T T F W I N C H Ç G D

O Z B A Z F I N T I P K C O C D V U I Z F V K E C O U T E D

Y M Q U O X S Ç Y V H B Y T Z V W Y E B L X D M Z O H N G E

BOUT

GENOIS

FOC

SPI

BOME

ECOUTE

FILIERE

BARRE

DRISSE

GRAND VOILE

CHANDELIER

HAUBAN

BALANCINE

WINCH

QUILLE

COCKPIT

SAFRAN

ETAI

PARE BATTAGE

POULIES

TRINQUETTE

TOURMENTIN

MAT

TAQUET

ANCRE

LES OISEAUX MARINS

LES GOÉLANDS

De taille moyenne ou grande, leur corps est blanc et leurs ailes sont grises voire noires. Leurs pieds sont palmés. Leur bec est généralement jaune avec une tache rouge.
Les jeunes ont un plumage plus ou moins tacheté de brun selon leur âge. Ils mettent deux à quatre ans pour acquérir progressivement leur plumage adulte.
Ils mangent de tout : des poissons, des petits animaux, des détritus mais aussi des charognes.
Ils poussent des cris sonores et stridents ressemblant à des cris plaintifs.

Le goéland argenté

Il est plus gros qu'une mouette mais c'est le plus petit des goélands.
Son corps est blanc, y compris la queue. Le dos et les ailes sont gris clair. L'extrémité des ailes noires est marquée de quelques taches blanches. Ses pattes sont rose grisâtre.

Le goéland marin

C'est l'un des plus grands goélands.
Son corps est blanc. Son dos est presque noir, bien plus sombre que celui du goéland brun.
Les ailes sont également noirâtres avec un peu de blanc sur les bords.
Les pattes sont rose pâle.
Son cri est plus grave que celui des autres goélands.

Le goéland brun

Il est légèrement plus grand que le goéland argenté mais plus petit que le goéland marin.
Son dos et ses ailes sont gris foncé à noirs, le reste du corps est blanc. Ses pattes sont jaunes.
Son vol est puissant, capable de décrochements rapides en piqué.

LA MOUETTE RIEUSE

Elle est plus petite qu'un goéland.
Elle est de couleur blanche avec les ailes gris perle sauf l'extrémité noire. Le bec et les pattes sont rouges. Les yeux sont foncés.
L'été, un capuchon brun-chocolat cache toute sa tête. Puis il disparaît progressivement après la reproduction, pour ne plus former qu'un point noir à l'arrière de l'œil pendant l'hiver.
Elle se nourrit surtout d'insectes, de poissons, de vers de terre, mais aussi de fruits et de graines.
Son nom vient de son cri perçant et sonore.

LE FOU DE BASSAN

Il est majestueux. C'est l'un des plus grands oiseaux de mer. Excellent planeur, il peut parcourir de longues distances.
Son corps est blanc, le bout des ailes noir et sa tête jaune. Son bec est gris et ses pattes sont noires.
Il se nourrit de poissons qu'il repère en vol. Pour les attraper, il peut plonger en piqué depuis très haut.
Il replie ses ailes et pénètre ainsi rapidement dans l'eau. Lorsqu'il remonte à la surface, il a généralement déjà englouti sa proie. Ne le voyant pas rapporter de poissons, on l'a nommé « le fou ».

LA STERNE

C'est un oiseau fin et élégant. Son plumage est blanc et cendré, comme la mouette. Mais on la reconnaît à son « béret » noir sur la tête. Son bec est long et pointu. On l'appelle parfois l'hirondelle de mer à cause de la forme de sa queue en V. Elle se nourrit de petits poissons qu'elle repère en volant sur place, le bec pointé vers le bas. Puis elle plonge en piqué, les ailes pliées en arrière, pour les capturer dans l'eau.

LE CORMORAN

Il a un plumage noir brillant, un long cou et un bec puissant et crochu.
Il se nourrit exclusivement de poissons.
Il les repère lorsqu'il est posé sur l'eau.
Si besoin, il plonge son long cou dans l'eau pour mieux les observer. Puis il plonge totalement en plaquant ses ailes au corps et poursuit sa proie sous l'eau. Avec son corps allongé et ses puissantes pattes palmées, c'est un excellent nageur. Il peut rester près de 2 minutes sous l'eau.
Sur les rochers, il se sèche les ailes déployées, car son plumage n'est pas imperméable.

SUR LA MER J'AI VU...

Un joueur commence par "Sur la mer, j'ai vu..." puis il choisit un animal marin.
Le joueur suivant reprend cette phrase en ajoutant l'animal déjà cité, puis un nouvel animal qu'il choisit, et ainsi de suite.
Le gagnant est celui qui a mémorisé le plus d'animaux.
Laisse courir ton imagination, invente des animaux et bien plus !

Ex : Sur la mer, j'ai vu une mouette rieuse, un albatros, une baleine rose, un calamar géant, une boîte de conserve vide...

DESSINE UN FOU DE BASSAN

Pour bien dessiner,
il faut être un bon observateur.
Observe les contours, les proportions,
les couleurs des fous de Bassan que tu
croises, ou inspire-toi de cette illustration.

COLORIE UN GOÉLAND ARGENTÉ

Tu viens de repérer un goéland ?
Assure-toi que c'est un goéland argenté.
Observe la couleur de son bec, de ses pattes, de son dos, de l'extrémité de ses ailes et de sa queue.

Conseil
Pour bien faire ressortir le blanc du goéland, tu peux imaginer un paysage, le dessiner derrière le goéland, puis le colorier.

Le mystère des anémones violettes

La tempête de la nuit dernière a dévasté la baie des Caryotes. Les rochers ont été battus par la houle. Les huîtres et les coquillages ont été roulés à la plage et suffoquent sous le soleil. Les berniques ont lutté toute la nuit pour rester accrochées à leur rocher. Les crustacés ont fait le dos rond et sortent tout juste de leur cachette pour inspecter les dégâts. Triste spectacle sous l'eau ! La baie des Caryotes est métamorphosée. La végétation est sans dessus dessous.

La colonie des anémones rouges a subi de lourdes pertes. Le bruit court cependant que les anémones violettes, de l'autre côté de la baie, ont beaucoup mieux résisté aux assauts de la houle.
Tentaculla Venima, la reine des anémones rouges, est en furie.

– C'est inadmissible, intolérable ! Pourquoi les anémones violettes qui ont un tout petit pois dans la tête et des tentacules en guimauve seraient plus fortes que nous ? Absolument impossible !

Un banc de petits poissons argentés la renseigne.

– Grande reine, les anémones violettes ont un secret.

– Dites-moi vite ce secret avant que je ne vous paralyse de mon venin.

– Mais grande reine, nous ne connaissons pas ce secret.

– Je ne souffre pas tant d'impertinence ! Quand je pose une question, on me répond, c'est tout. Sinon je crache mon venin.

Les petits poissons argentés disparaissent dans le bleu de la mer. La reine Tentaculla Venima se répand en horribles cris et dit à ses anémones :

– Mes chéries, foi de Tentaculla Venima, nous allons démasquer leur secret. Allez chercher Polypous notre chef des services secrets !

Le poulpe Polypous sort de son trou.

– Polypous, je compte sur vous, la vie de la colonie des anémones rouges est entre vos mains !

– Réfléchissons vite, dit Polypous en se grattant la tête avec un de ses huit tentacules. J'envoie immédiatement nos meilleurs agents secrets sur place.

De chacun de ses tentacules, il désigne un tourteau, deux berniques, trois hippocampes, et deux coquilles Saint-Jacques. Départ immédiat pour le pays des anémones violettes.

Les berniques montent sur le dos du tourteau Pagarus, qui avance de côté pour ne pas éveiller les soupçons. Les hippocampes nagent et rampent tant bien que mal. Les deux coquilles Saint-Jacques, après avoir écouté les instructions de Polypous, se propulsent rapidement en claquant leurs valves.

Lorsqu'ils arrivent de l'autre côté de la baie, une magnifique forêt d'algues laminaires les empêche de progresser.

– Avançons encore tant que nous pouvons. Puis postons-nous en observation, dit Pagarus.

Il dépose chacune des berniques sur un rocher différent. Puis il s'enfouit dans le sable avec juste ses yeux et les bouts de ses pinces qui dépassent.

Les coquilles s'entrouvrent et laissent apparaître leurs centaines d'yeux noirs derrière leurs petites tentacules qui ressemblent à des moustaches.
Les hippocampes arrivent enfin, tout essoufflés, contents de trouver des algues pour se reposer.
Ils sont dans leur élément ! Ils s'accrochent chacun à une laminaire et s'immobilisent. Seuls leurs yeux, complètement indépendants l'un de l'autre, bougent.

Le dispositif d'espionnage est en place ! Pagarus et les coquilles sont bien cachés. Les hippocampes sont invisibles. Et qui peut se douter que les deux berniques sont des espionnes ?
Le dispositif semble parfait. Pourtant Polypous est inquiet. Ses espions ne reviennent pas comme prévu avant la nuit. Il décide d'envoyer une unité nocturne spéciale.

Les crevettes, qui sont très actives la nuit, se portent volontaires. Elles traversent rapidement la baie avec leurs battements de queues. Leurs longues antennes les guident dans la nuit noire sous-marine.
Les méduses bleues les escortent. Elles avancent par saccades en ouvrant et fermant leurs ombrelles phosphorescentes comme des parapluies.

– Quel joli ballet ! se dit intérieurement Polypous.

Les yeux rouges phosphorescents des crevettes repèrent vite la forêt de laminaires puis Pagarus et ses amis. Les crevettes le pressent de questions.

– Que se passe-t-il ? Êtes-vous en danger ? Pourquoi ne revenez-vous pas au rapport ? Qu'avez-vous découvert sur les anémones violettes ?

Pagarus répond en chuchotant.

– C'est justement le problème ! Cette forêt de laminaires nous empêche de progresser et on ne voit rien. Si on rentre bredouille, la reine Tentaculla Venima va être furieuse.

– Mais vous ne pouvez pas non plus rester là à ne rien faire !

Les méduses rassemblent discrètement tous les espions. Les hippocampes, les coquilles Saint-Jacques, Pagarus et les crevettes se concertent. Que faire ? Rester là au milieu des laminaires au risque de finir hypnotisés par leurs mouvements lancinants ou affronter la fureur de Tentaculla Venima ?
Ils décident de retourner en parler à Polypous qui a toujours de bonnes idées. Seules restent les berniques qui ne cèdent à aucune négociation et refusent de bouger.

Polypous fait les cent pas. Il avance de façon insensible, de tout son être, sans secousse. Il interroge ses espions.

– Alors, qu'avez-vous vu ?

– Hélas rien, Polypous, il y a une forêt de laminaires quasi infranchissable.

Polypous se gratte la tête avec un de ses tentacules.

Un horrible cri les fait sursauter. Personne n'a entendu la reine Tentaculla Venima arriver.

– Qu'est-ce que j'entends ?! Vous n'avez rien trouvé ? Quelle est cette bande d'incapables ! Dit-elle en déployant ses tentacules. Je vous ordonne de me donner chacun une explication où je ne réponds plus de rien !

Les espions regardent désespérément Polypous. Ils savent qu'il ne faut pas lutter contre les accès de rage de leur reine. Alors tous se mettent à parler en même temps.

– Les anémones violettes ont découvert le secret d'une ventouse ultra-puissante, qui résiste aux plus fortes turbulences, disent les coquilles Saint-Jacques.

– Elles ont une organisation très complexe. En cas d'alerte, elles se regroupent toutes et forment un bloc très résistant, parce que l'union fait la force, Madame la reine, disent les crevettes.

– Elles ont créé un immense barrage de coquillages pour se protéger, dit Pagarus.

– Les coquillages vides leur servent aussi de casques, disent les hippocampes à cours d'idée.

Jamais ils n'avaient vu les tentacules de la reine aussi grands ! Tentaculla Venima, hors d'elle, est somptueuse de rage.

– Qu'est-ce que c'est que toutes ces sornettes ! Qu'osez-vous raconter à votre reine alors que vous ne savez rien, strictement rien, alors même que vous n'avez pas pu franchir la forêt des laminaires ! Je ne suis entourée que d'incapables ! Polypous, trouvez des animaux courageux, franchissez ce rideau de laminaires et ramenez-moi une anémone violette morte ou vive. Non, je veux dire vivante, je l'interrogerai moi-même.

Polypous réfléchit. Il consulte ses amies les huîtres. Elles sont au courant de tout ce qui se passe dans l'eau, dans la baie et même au-delà. Cela a toujours étonné Polypous. Comment font-elles puisqu'elles ne se déplacent pas ? Est-ce le fait qu'elles filtrent l'eau toute la journée ? Enfin, on ne sait pas.
La plus vieille des huîtres répond d'une voix chevrotante aux questions de Polypous.

– Tu sais Polypous, tu devrais aller voir, il paraît que la contrée où vivent les anémones violettes est magnifique…

– Cela ne me dit pas comment y aller et encore moins quel est leur secret !

– Vas, tu verras.

Polypous se dit qu'il faut commencer par créer une tranchée dans la forêt des laminaires puis qu'après effectivement on verra. De ses huit bras, il organise hâtivement l'expédition et tous partent au petit matin. Ils traversent rapidement la baie endormie et découvrent la forêt de laminaires où filtrent les premières lueurs du jour. S'ils n'étaient pas en mission, ils trouveraient le paysage féérique.

– Allez, au travail ! dit Polypous.

Pagarus et sa famille coupent les premiers laminaires. Les homards coupent les plus grosses tiges. Les araignées les plus petites.
Pendant ce temps, les seiches assurent le camouflage. Elles partent en éclaireurs. Comme les hippocampes, elles adoptent les couleurs des laminaires. Leurs yeux sophistiqués, qui voient à la fois devant et derrière, surveillent les alentours. Enfin elles envoient régulièrement d'épais nuages d'encre pour aveugler quiconque viendrait s'intéresser de trop près à l'entreprise de leurs camarades.
Ainsi organisée, la troupe franchit le rideau des laminaires sans éveiller les soupçons.

Le pays des anémones violettes s'ouvre enfin à eux. C'est splendide ! Les huîtres avaient raison. En contrebas se dessinent différents vallons. À chaque étage ondulent des algues de différentes formes et de différentes couleurs : des brunes, des vertes, des rouges ! Certaines ont des lamelles plates, d'autres ont de gros flotteurs remplis d'air. Certaines ont des lanières toutes simples, d'autres ont des architectures si complexes qu'on s'y perd.

– Ce pays est beau, pense Polypous, rien à voir avec notre plateau battu par la houle où pratiquement plus rien ne pousse.

Ils aperçoivent ensuite, tapies dans les rochers, les anémones violettes qui ne se doutent de rien et se réveillent en baillant sous les premiers rayons du soleil.

Polypous, tout à sa contemplation, est secoué par ses amis pendus à chacun de ses bras.

– Polypous, que fait-on maintenant ? On capture une anémone violette et on la ramène ?

– Et bien… heu… oui, dit Polypous en hésitant. Mais doucement, ajoute-t-il.

– Je m'en charge, dit Malacoste, le plus gros des homards, en agitant ses antennes de haut en bas pour repérer son environnement.

– Il n'a pas l'habitude de sortir le jour et il est pressé de rentrer dans son terrier, dit Pagarus.

Polypous veut le retenir. Mais avec son odorat fantastique, Malacoste a déjà repéré un petit groupe d'anémones à l'écart. Avec ses dix pattes et ses deux grosses pinces en avant, il fond sur sa proie…
Polypous a juste le temps de crier :

– Vivante, il nous la faut vivante !

Malacoste saisit une petite anémone violette avec sa pince marteau et la pose sur sa carapace.

– Toi viens avec moi, la reine Tentaculla Venima veut te parler.

Puis à Polypous en bougonnant :

– Rentrons à la maison, il y a trop de monde ici.

La petite anémone violette tremble comme une gélatine sur le dos de Malacoste. Tous ses tentacules sont rentrés.

– Comment t'appelles-tu ? demande Polypous.

– Violetta, répond-t-elle craintivement. Que me voulez-vous ?

– Notre colonie des anémones rouges a été décimée par la précédente tempête. Notre reine Tentaculla Venima veut que tu lui donnes le secret des anémones violettes pour résister aux assauts de la houle.

– Mais je n'en sais rien…

– Et bien tu l'expliqueras toi-même à la reine ! s'énerve pour la première fois Polypous.

– Bon courage ! ajoute Malacoste à demi-mot et en pressant le pas.

La troupe revient au pays des anémones rouges, Malacoste en tête.
La reine les attend, son pied fermement accroché au rocher.

– Alors Malacoste, qu'est-ce que c'est que cette petite chose que vous me ramenez là ?

– Une anémone violette, répond Malacoste en la déposant par terre de sa grosse pince.

– Elle s'appelle Violetta, ajoute Polypous.

– Alors petite Violetta, quel est le secret de ta colonie ?

– Bonjour reine Tentaculla Venima. Je suis vraiment désolée de ce qui est arrivé à votre colonie. Mais je ne peux rien faire pour vous. Je ne connais pas le secret de ma colonie…

Les tentacules de la reine commencent à gonfler. Avant qu'elle n'explose, Violetta poursuit.

– C'est vrai qu'il y a beaucoup de courant chez vous, dit-elle en s'accrochant péniblement au rocher. Je ne connais pas notre secret mais si vous souhaitez venir chez nous, notre bonne reine Violetta Magnana vous accueillera avec grand plaisir. Je suis sûre qu'elle pourra vous aider.

L'œil de Polypous s'illumine.

– Reine Tentaculla Venima, je crois que j'ai compris.

– Et bien Polypous, il serait temps ! J'attends…

– Voilà leur secret : leur pays est magnifique !

– J'attendais une explication plus scientifique de votre part !

– Je veux dire, leur pays est couvert d'une multitude d'algues différentes.

– C'est vrai que ce n'est pas joli, joli, chez vous, s'aventure Violetta.

– Il y a aussi ce fameux rideau de laminaires qui entoure la colonie, poursuit Polypous.

– Venez-en au fait, nous avons perdu assez de temps ! coupe la reine.

– Et bien, je crois qu'avec les tempêtes de plus en plus fortes, notre pays a perdu la végétation qui le protégeait. Les algues arrachées n'ont pas été remplacées. Or, elles nous abritaient des courants. Fixées aux rochers par un crampon, elles résistent mieux aux vagues que nous. Chaque espèce a sa particularité et s'adapte à des endroits très diversifiés, voire étonnants. Il faut replanter.

– Alors Polypous, faites ! Qu'attendez-vous là, les bras ballants, à discuter !

Polypous s'en va de son pas aérien, puis comme d'habitude organise le travail avec ses multiples tentacules.

– Les araignées, avec vos grandes pattes, faites un rapport détaillé sur la topographie de ce côté de la baie. Les méduses, faites une étude des courants. Il nous faut concevoir une stratégie d'implantation d'algues la plus adaptée à notre pays. Et vite, avant la prochaine tempête, ou pire encore avant que la reine Tentaculla Venima ne décharge tout son venin. Toi Violetta, je te ramène chez toi, tu vas m'introduire auprès de ta reine pour qu'elle m'initie aux secrets des algues.

JEU DE MIMES

Forme deux équipes d'au moins deux joueurs. Chaque équipe joue à tour de rôle.
Dans chaque équipe, un joueur doit faire découvrir un mot sans le nommer à son équipe, en moins d'une minute. Il peut le mimer, le décrire, expliquer à quoi il sert… mais il ne doit pas prononcer le mot. Prends un sablier ou une montre pour chronométrer le temps.

L'équipe qui a découvert le plus de mots gagne.

Pour piocher un mot, un joueur pointe son doigt, les yeux fermés, sur la liste ci-dessous. Il fait des cercles ou des zigzags avec son doigt. Il s'arrête quand un de ses équipiers (qui a aussi les yeux fermés) lui dit stop, puis il lit dans sa tête le mot qu'il va faire deviner. Si le mot a déjà été pioché dans la partie, il pioche à nouveau.

Goéland
Mouette
Fou de Bassan
Cormoran
Crabe
Homard
Crevette
Coquille Saint-Jacques
Anémone
Poulpe
Hippocampe
Méduse
Puce de mer
Bigorneau
Huître
Moule
Algue

Étoile de mer
Seiche
Laminaire
Dauphin
Requin
Baleine
Bernique
Oursin
Poisson
Voilier
Bateau
Mât
Bôme
Hauban
Étai

Pataras
Voile
Balancine
Foc
Grand-voile
Safran
Barre
Gouvernail
Écoute
Drisse
Hisser
Affaler
Border
Choquer
Amarrer
Flotter
Prendre un ris
Quille
Bâbord
Tribord

Louvoyer
Empanner
Virer de bord
Dériver
Faseyer
Nœud
Bout
Génois
Spi
Winch
Pare-battage
Poulie
Air
Vent
Pression
Annexe
Anticyclone
Dépression
Girouette
Mer
Océan
Vague
Soleil

Lune
Marée
Flot
Jusant
Marnage
Vives-eaux
Courant
Houle
Gilet de sauvetage
Harnais
Équipage
Bulletin météo
Naviguer
Livre de bord
Rocher
Carte marine
Nord
Sud
Ouest
Amer
Compas
Phare

Feux
Feux à éclats
Feux à occultations
Bouée
Cardinale nord
Cardinale sud
Cap
GPS
Parallèle
Méridien
Équateur
Pôle Nord
Pôle Sud
Pluie
Neige
Gouttelette
Nuage
Brouillard
Bourgeonner
Stratiforme
Cumuliforme
Cumulonimbus

Cumulus
Rafale
Port
Plage
Nager
Plonger
Voler
Ancre
Filière
Hublot
Pêcher
Vent arrière
Île
Chenal
Sable
Mouton
Tempête
Nœud de chaise
VHF
Étoile

EXEMPLE DE FEUILLE DE ROUTE

Parcours : la Trinité-sur-Mer – Le Palais, à Belle-Île.

Dangers à éviter : la pointe rocheuse de Quiberon et les rochers de l'île de Houat. Prendre le chenal de la Teignouse.

Partie du parcours	Point de départ	Point d'arrivée	Cap à suivre	Distance	Temps estimé à 5 nds de vitesse moyenne	Balisage, feux, amers à repérer
1	*Bouée rouge « Le petit Trého » à la Trinité-sur-Mer*	*Bouée rouge du chenal de la Teignouse « Basse Nouvelle »*	*190°*	*6,5 milles*	*1 h 20 mn*	*Phare de la Teignouse. Balisage du chenal de la Teignouse. Amers sur la presqu'île de Quiberon.*
2	*Bouée rouge du chenal de la Teignouse « Basse Nouvelle »*	*Cardinale sud « Goué vas Sud »*	*240° Respecter le balisage latéral*	*2,3 milles*	*30 mn*	*Balisage du chenal de la Teignouse.*
3	*Cardinale sud « Goué vas Sud »*	*Entrée du port du Palais à Belle-Île*	*210°*	*5,7 milles*	*1 h 10 mn*	*Phares du Palais, Amers sur Belle-Île.*

Tu trouveras dans les pages suivantes un modèle de feuille de route et de livre de bord que tu peux recopier dans un cahier ou photocopier.

FEUILLE DE ROUTE

Parcours :

Dangers à éviter :

Partie du parcours	Point de départ	Point d'arrivée	Cap à suivre	Distance	Temps estimé	Balisage, feux, amers à repérer
1						
2						
3						
4						

JOURNAL DE BORD

Date :	Marée :
Parcours :	Météo :

Heure	Position	Cap compas	Vitesse	Vent force et direction	Allure	Nuages	État de la mer	Courant	Événement